本书系南京邮电大学引进人才科研启动基金项目（编号：NY209029）研究成果

现代日本农协的发展变迁研究

于秋芳◎著

安徽师范大学出版社

责任编辑：潘　安　何章艳
装帧设计：丁奕奕

图书在版编目（CIP）数据

现代日本农协的发展变迁研究/于秋芳著．—芜湖：安徽师范大学出版社，2012.12
ISBN 978－7－5676－0035－5
Ⅰ．①现…　Ⅱ．①于…　Ⅲ．①农民协会—研究—日本　Ⅳ．①D423.132

中国版本图书馆 CIP 数据核字（2012）第 290340 号

现代日本农协的发展变迁研究
于秋芳　著

出版发行：安徽师范大学出版社
芜湖市九华南路 189 号安徽师范大学花津校区　　邮政编码：241002
网　　址：http://www.ahnupress.com/
发 行 部：0553－3883578　5910327　5910310（传真）　E－mail：asdcbsfxb@126.com
经　　销：全国新华书店
印　　刷：安徽芜湖新华印务有限责任公司
版　　次：2012 年 12 月第 1 版
印　　次：2012 年 12 月第 1 次印刷
规　　格：700×1000　1/16
印　　张：11.5
字　　数：182 千
书　　号：ISBN 978－7－5676－0035－5
定　　价：28.00 元

序

中国自古以农业立国，农业问题历来是兴国安民的根本性问题。20 世纪 80 年代，我国农村确立了以家庭联产承包经营为基础、统分结合的双层经营体制，农民获得了生产经营自主权，成为独立的财产主体和市场主体，极大地解放了农村生产力。但是，随着经济社会快速发展、市场竞争日趋激烈，尤其是在我国加入了世界贸易组织后，在全球竞争条件下，小规模家庭经营的弱点逐渐显现。分散的农户难以抗衡较大的自然灾害，经不起市场风浪的冲击，缺乏与市场广泛联系的中间环节，组织化程度低，市场谈判能力低，无法切实实施农业标准和保障农产品安全，这是导致我国农民的市场竞争力不强，农业产业化程度不高的主要原因。因此，分散的单个农民难以成为合格的市场主体，只有通过一定的产业组织方式把分散的农民组织起来，才能有效解决我国农业产业化进程中的组织载体缺失的问题。

改革开放以来，我国广大农村涌现出一大批自发性的农民专业协会和农业合作组织。但是，这些自发性的农民组织在相当长的时期内没有得到国家正式的法律规范，农民合作组织在法律上的地位成为一个“盲区”，有关农民合作组织的性质、分类、主管部门、如何注册等问题都没有明确的规定。这种状况严重制约了农民合作组织的进一步发展。2006 年 10 月 31 日下午，第十届全国人大常委会第二十四次会议表决通过了《中华人民共和国农民专业合作社法》（以下简称《合作社法》），并于 2007 年 7 月 1 日起在全国施行。《合作社法》的全面实施，促进了农民合作组织的迅速发展。在社会主义新农村建设的新形势下，只要各级政府能够依据《合作社法》积极引导和扶持，农民合作社作为新型农业产业化组织形式，一定可以在我国未来的农业产业化进程中发挥主导作用。

中日两国是邻国，自古以来就关系密切。纵观中日两国农史，中国古代传统农业文化对近邻日本产生了深远的影响。到了近代，日本则成为中国引进西方现代农业文明的桥梁。现代日本在农业体制及科技方面有许多可以借鉴的地方。日本农协就是一个典型的事例。日本农协作为综合农协，是日本农民自主、自助、自治的经济组织。日本政府通过农业协同组合，管理小农，全面经营农村的产、供、销、信贷、技术指导事业，甚至农民的各种保险医疗事业。通过这些事业调节农村的各项经济活动，有力地推进了日本农业现代化的进展。在我国大力推进发展农业合作组织，推进农业产业化和农业现代化进程中，借鉴日本农协的发展经验，对我国解决三农问题具有重要的现实意义。"以古为镜，可以知兴替"，要了解日本农协，必须要弄清其历史发展的来龙去脉，了解在不同时期针对不同问题所采取的政策。因此，从历史发展的角度来研究日本农协的发展规律和经验，对我国具有重要的借鉴意义。

本书作者于秋芳是日语语言文学硕士，2007年考入南京农业大学攻读博士学位。我根据她的日语专业背景，安排她负责整理南京农业大学图书馆人文分馆牛山敬二文库的日文农业文献整理工作，并把日本农史研究作为博士论文的选题方向。于秋芳同志非常勤奋，终日研读有关文献，并选定日本农协发展历史作为博士论文题目。经过两年多的努力，终于在2009年出色完成了博士论文，获得了博士学位。毕业后到南京邮电大学日语系工作，现在已经成为教学科研骨干。作为导师，我感到非常欣慰。经过多年沉淀，于秋芳同志对博士论文加以充实和提高，形成了这部学术著作。

本书以日本农协的历史发展为主线，主要研究日本农协的产生、发展的历史过程及因素，深入了解日本农协在不同时期的发展、改革及对日本农业的发展所起的作用。共有六个部分，分别论述日本农协发展的历史渊源、战后日本农协的设立及组织开展、经济高速发展时期的日本农协、经济稳步发展时期的日本农协、20世纪90年代后日本农协的发展变化以及日本农协对我国建立专业合作经济组织的启示。日本农协在战后日本经济的恢复和高速发展中发挥了很大的作用。根据日本农协的系统阶段特征，结合我国国情提出在我国建立县级农业互助协会的设想，以期通过农业互助协会连接政府和农民专业合作组合，使政府对农民专业合作社的发展状况有一定的了解，并根据具体情况提出制定更有效的方针政策，从而促进我国农民专业合作组织的发展，推动地区农业经营的产业化和规模化发展，从而促使地区经济发展稳步。

本书从中国的视角来研究日本农协发展的历史，通过对日本农协的发展变迁的历史过程的系统研究，总结日本农协发展历程中如何促进农业发展尤其是实现农业现代化的有益经验，为中国发展农业合作组织提供有益的借鉴。作者在借鉴日本经验方面有所突破，结合我国现阶段的国情，提出了在我国建立县级农业互助协会，以发展农业合作组织，促使地区经济发展的设想。这部专著资料翔实，论述清晰，供我们系统了解日本农协的发展历史，为我国农业组织的发展提供借鉴，具有重要的学术价值和现实意义。

衣保中

于吉林大学匡亚明楼

二〇一二年十一月一日

摘要

日本农协的全名是“农业协同组合”，简称“农协”。就其类型而言，有综合农协和专业农协之分。综合农协在农村经济活动中居主导地位，日本农协往往就指综合农协。

现代日本农协是日本农村不可缺少的一个合作经济组织，范围比较广，融农民日常生产、生活于一体。生产方面，包括产前的信息提供、产中的技术指导及产后的销售等一条龙服务体系；生活方面，向会员提供医疗、保健、娱乐等服务项目。

我国学术界从20世纪80年代起，就开始介绍日本农协。到20世纪90年代，特别是进入21世纪后对日本农协的研究出现热潮，杂志上发表了不少相关论文。但这些研究主要是着眼于日本农协的经营、组织管理以及农协所从事的各项工作，对其历史发展、产生背景及其职能的演变很少关注。本书从历史发展的角度来研究日本农协的发展变迁，以期从其发展过程中寻求成功的或引以为戒的历史经验，并结合我国的实际情况，取其所长，避其所短，对我国农村、农业的发展起到一定的借鉴作用。

现代日本农协的历史渊源最早可以追溯到江户时期的民间金融组织“赖母子”和报德社，之后发展到战前的产业组合及战时的“农业会”，最终到战后的现代日本农协。战时的“农业会”是战后日本农协的直接前身。1947年，日本制定了《农协法》，着手设立农协。经济高速发展时期，是日本农协发展的“黄金时代”。同时，在日本经济高速发展的过程中，日本农协也发挥了不可替代的作用。日本政府制定《农协合并促进法》并于1962年执行该法案，开始对农协进行整顿合并。到20世纪70年代，受1973年石油危机的影响，日本开始从经济的高速发展时期转入稳定发展时期，从农协工作方面的情况来看，量的增长呈停滞状态。20世纪80年代中期后，农协的经营出现危机。进入 90 年代，农协周围的环境发生了很大的变化，在政治经济方面，主要体现在“三个自由化”上，即金融自由化、农产物流通自由化和进口自由化。

从日本农协的整个发展历程来看，日本农协在战后日本经济的恢复和高速发展中发挥了很大的作用。就其成功经验来看，主要有稳固的组织基础、政府的大力支持、相关法律保障、根据形势的变化不断改变决策及改革等。当然，也有引以为戒的地方，那就是出现了“经营主义”，为了经营而忽略会员的需求，失去会员的信赖等。

借鉴日本农协的历史发展，在我国发展农村专业合作组织应该注意加大宣传的力度，使农民专业合作社的思想渗透人心，让农户能够根据需要自觉地组织起来成立农民专业合作社。结合日本农协的系统阶段性的特征，提出在我国以县级为单位建立农业互助协会的设想。

关键词： 日本农协；农业会；产业组合；农协经营；农协改革

目 录

绪论

一、选题的依据及意义

我国改革开放以来，家庭联产承包责任制极大地调动了农民的生产积极性，促进了农村经济的发展。但随着中国经济的发展，分散的农户经营严重制约了农村经济规模的发展。特别是随着农业的市场化加快和“入世”后国际竞争的加剧，这种小规模的家庭经营很难适应市场的千变万化，所以在农业市场化、国际化的新形势下，我国分散经营的农民如何走出困境是值得思考的问题。建立一个行之有效的农村经济合作组织已经迫在眉睫。农业农村中必要组织主体的弱小和欠缺不仅阻碍农业生产的发展、阻碍农村行政工作的顺利进行，而且还给农村社会治安带来不好的影响。弱小的农村组织不能保护农民的利益，农民阶层缺少发言权，对农民政治地位的提高也产生了负面影响……如何通过农村组织把众多的单个农户同市场紧密结合起来就成为一个至关重要的课题。

为了寻求解决方案，我国的一些学者开始把目光转向国外，特别是日本的农协。日本农协是综合性的农业组织，与西欧和美国的农村专业合作组织不同，全民加入，宽范围的工作，自上而下金字塔式的组织体系等特点已为我国不少人所了解。日本政府通过农业协同组合，管理小农户，全面管理农村的产、供、销、信贷以及给予技术指导，其中还包含了农民所需的各种保险、医疗事业，甚至是日常生活的各个方面。通过这些事业调节农村的各项经济活动，曾有力地推动了日本农业近代化的发展。

我国学术界从20世纪80年代起，就开始介绍日本农协，到90年代，特别是进入21世纪后对日本农协的研究出现热潮，杂志上发表了不少相关论文。但这些研究主要是着眼于日本农协的经营、组织管理以及农协所从事的各项工作，对其历史发展、产生背景及其职能的演变很少关注。“以古为镜，可以知兴替”。单纯地介绍日本农协的组织、经营并不能起到“以史为鉴”的作用，而且日本农协在其发展过程中，出现的问题及负面作用也越来越明显。因而要真正了解日本农协，就有必要弄清其历史发展，从其发展的教训中吸取经验。因此，本书从历史发展的角度来研究日本农协及其职能的演变，以便结合我国的实际情况，取其所长，避其所短，对我国农村、农业的发展起到一定的借鉴作用。

1. 研究目的

本书以日本农协的历史发展为主体，主要研究日本农协的产生、发展的历史过程及因素，深入了解日本农协在不同时期对日本农业的发展所起的作用。希望本书在前人研究的基础上，对日本农协能有个纵向的、全面的、客观的描述，以弥补国内研究的不足。

2. 理论意义

中国是个农业大国，农村人口占很大比重。就我国目前的情况来看，要解决农业中存在的问题，建立类似于日本农业协同组合的农村经济组织也许具有重要的意义。日本对农业协同组合的研究十分成熟，但目前我国对农村专业合作组织的研究还处于起步阶段，研究日本农协的形成和发展可丰富我国农村专业合作组织研究。

3. 现实意义

中国自古以农业立国，农业问题历来是兴国安民的根本性问题。改革开放以来，我国农村实行了以家庭联产承包为主的责任制，极大地调动了农民的生产积极性，使农业生产打破了人民公社时期生产停滞的局面。但到了20世纪80年代后期，农业生产陷入低迷状态、农民收入所得较低，与城市的差距日益加大。究其原因，首推以农户为单位进行农业生产经营的分散化。建立农村专业合作组织，改变农村现状，已经势在必行。研究日本农协，对我国农村专业合作组织的建立、对我国三农问题的解决会有很大的借鉴作用。

二、相关研究动态

1. 日本关于农协的研究状况

关于农协的研究，在日本一直很盛行，其研究范围也比较广泛。

研究内容主要有以下几点。

关于日本农协的发展历史：日本农协的发展历史可以分为战前部分和战后部分。战前部分主要是指产业组合的产生及发展，关于这部分的研究图书有不少，其中有东浦庄治的《日本产业组合史》（东京高阳书院，昭和10年）、篠浦光的《农村协同组合的展开过程》（亚纪书房，1972年）、奥谷松治的《日本协同组合史》（农业协同组合研究会，昭和22年）等。《日本产业组合史》一书主要叙述了日本产业组合法的制定及相关法律法规的变化、产业组合的产生和发展及昭和4年（1929年）至昭和10年（1935年）间的产业组合开展情况。篠浦光的《农村协同组合的展开过程》一书，介绍了产业组合法制定前到昭和10年（1935年）日本农村协同组合（具体地说是农协的前身产业组合）成立和发展的历史性、经济性的因素及其在信用、购买、贩卖等方面所发挥的作用。该著作的时间段虽与东浦庄治的《日本产业组合史》叙述的时间段大致相同，但前者重点叙述产业组合的历史发展过程，后者在叙述农村协同组合开始的过程中重点分析了其成立和发展的历史性及经济性的因素。《日本协同组合史》一书主要以近代的产业组合①为研究对象，并根据其发展阶段分产业组合法的制定即产业组合的普及、日俄战争后至第一次世界大战间的产业组合、世界经济危机期间的产业组合、农业危机时的产业组合、战时体制的产业组合及战后初期的农业会等六个时间段，叙述了产业组合的产生、发展状况。除此之外，有关日本产业组合的著作还有柳田国男的《最新产业组合通释》（农文协，昭和55年）、佐藤宽次的《产业组合报告》（农文协，昭和51年）、井上晴丸的《日本产业组合论》（农文协，昭和56年）等。

关于战后日本农协的产生及发展：关于战后日本农协的产生及发展，从历史发展的角度写的除了农业协同组合制度史编纂委员会编的资料汇编《日本农业协同组合制度史（1—7卷）》（协同组合经营研究所，1967年）外，著作并不多，从其中一个断面研究的有太田原高昭所写的论文《经济低成长时期的农业协同组合》（该论文论述了日本农协在经济低增长时期的经营及组织情况）。除此之外，是从农协的改革组织等专门方面进行研究的著作。如：

---

① 这里所说的近代产业组合主要是指明治维新以后的产业组合。

有关农协改革方面的著作：太田原高昭著的《系统重组和农协改革》，佐伯尚美《农协改革》，安达良生恒、梶浦吉督著的《农协大改革案》，佐藤幸夫的《农协改革》（日本经济评论社），这些著作主要论述了农协自成立后随着形势的变化所进行的改革及改革方向。另外还有石田信隆的《协同组织性和农协改革》等文章。

关于农协经营等：论文集《明天的农协》（1986 年）一书中论述了农协组合员农家的变化及农协在生活方面的活动、农协的理念及事业经营等内容。《农协四十年》（御茶水书房，1989 年）论述了自农协建立至20 世纪90 年代的农协发展状况。另外，还有清水彻朗《系统农会的历史和农协营农指导事业》（2005 年）、内野勇二《日本农业和农协的共济事业》（东京四季社，1956 年）等。

2. 国内关于日本农协的研究概况

在我国社会主义市场经济的建设中，农业作为一个弱势的产业，受到严峻的挑战，同时我国又加入 WTO，如何使分散的、以户为单位的农业经营适应国际市场的竞争，使我国农民富裕，成为我国经济发展中的重要问题。因此，许多学者开始关注日本农协，出现了许多介绍日本农协的文章。

就著作来说，有以下图书：章政的《现代日本农协》（农业出版社，1998 年），山口正彦著、董传河编译的《日本农协》（科学普及出版社，1991 年），王恒壁、王殿祥主编《日本农协》（外文出版社，1993 年）。这些著作介绍了日本农协的分类、组织体系、经营管理等。

介绍日本农协新动向、新发展的论文有：李显刚、石敏俊的《日本农协的历史贡献、存在问题及发展趋势》（《中国农村经济》，2001 年），张秀娟、胡雪梅的《日本农协的发展新趋势》（《经济纵横》，2002 年），穆月英、陈家骥的《日本农协发展及农协事业的新动向》（《经济问题》，2005 年）等。

介绍日本农协的作用及其对我国启示的论文有：严英龙、赵步生的《日本的农协及其对我国农业产业化经营的启示》（《世界政治与经济论坛》，2000 年），廖卫东、池泽新的《发挥市场中介组织的作用》（《江西农业大学学报》，2005 年），衣保中、郑丽的《日本农协在农业产业化中的作用》（《现代日本经济》，2006 年）等。

从以上研究状况可以看出，日本对日本农协的研究已经非常成熟，从农协的事业、经营到农协的改革，研究都很全面。至于国内对日本农协的研究可谓仍处于初期阶段，处于对日本农协的一个认知阶段。国内学者研究的角度主要是介绍日本农协的组织、经营、事业等。可以看出，不管国外还是日本，从历史发展的角度来进行研究的尚显缺乏。本书从日本农协的历史渊源写起，介绍战后日本农协的建立及各个历史时期的组织发展状况特别是20世纪90年代后的农协变化及改革状况，从中探索出日本农协可借鉴之处。

三、主要研究内容及章节安排

本书主要从历史发展的角度论述现代日本农协的发展演变过程，通过对日本农协发展变迁的历史过程的系统研究，总结出日本农协发展历程中如何促进农业发展尤其是农业现代化的有益经验，以期对我国发展农民专业合作组织提供有益的借鉴。全书共有六章。

第一章论述现代日本农协的历史渊源，认为现代日本农协的历史渊源最早可以追溯到江户时期的民间金融组织“赖母子”和报德社，之后发展到战前的产业组合及战时的“农业会”，最终到战后的现代日本农协，而战时的“农业会”可以说是战后日本农协的直接前身。

第二章论述战后日本农协的设立及组织开展。随着战后日本土地改革的进展，日本为了保护土地改革的成果，防止自耕农进一步沦为佃农，于1947年制定了《农协法》，着手设立农协。从农协的产生过程来看，存在着“急于求成”、“乱立”的情况，给以后农协经营不善及农协合并政策的实施埋下伏笔。但是，新生的农协对战后日本经济的恢复起到一定的作用。

第三章论述日本经济高速发展时期的日本农协。在经济高速发展时期，日本农协各项工作直线上升，可以说此时是日本农协发展的“黄金时代”；同时，在日本经济高速发展的过程中，日本农协发挥了不可替代的作用。如，日本政府各个农业政策的实施及农业补助金的分发都是通过农协来实现的，而农协会员生产的农产品的销售及所需生产资料的购买也几乎都是通过农协来实现的，从而促进了农村经济的发展。而从农协自身组织情况来看，农协设立之初的“乱立”现象开始暴露出其弊端，为此，日本政府制定了《农协合并促进法》并于1961年执行该法案，开始对农协进行整顿合并。

第四章论述日本经济稳步发展时期的日本农协。受1973年石油危机的影响，日本开始从经济的高速发展转入稳定发展时期。此时期农业方面，由于经济高速发展时期种植规模扩大政策的影响，大米出现过剩，于是日本政府就提出农业政策主要是“减反政策”，即减少稻米的耕作面积，以缓解“稻米过剩”状况。农协对此政策的反应是争取“耕作减少”最优惠的补助，显示了其“压力团体”的组织功能。从农协各方面的情况来看，量的增长呈停滞状态。20世纪80年代中期后，农协的经营出现危机。

第五章论述20世纪90年代后日本农协的发展变化。进入20世纪90年代后，农协周围的环境发生了很大的变化。在政治经济方面，主要体现在“三个自由化”上，即金融自由化、农产物流通自由化和进口自由化。在组织方面，主要体现在农协组织的基础农户的变化上，农户减少，农业就业人数减少及人员的老龄化。环境的变化给农协带来很大的影响，主要是竞争激烈，量整体减少，整体上出现经营恶化现象。为了适应环境的变化，农协进行了经济的和体制的改革。经济改革方面重点是销售渠道的缩短、生产资料价格的降低及基础型产业的经营改善及竞争强化；体制改革方面主要是对农协的三级体制进行改革，由三级向二级转变。

第六章论述日本农协对我国建立专业合作经济组织的启示。日本农协在战后日本经济的恢复和高速发展中发挥了很大的作用，在当今经济全球化的社会，农协虽然存在着不少问题，但是其存在仍然不可忽视。近年来，我国也开展了农民专业合作社的建设并启动了法律设置，但是还存在不少问题。借鉴日本农协的历史发展，在我国发展农村专业合作组织应该注意加大宣传的力度，使农民专业合作社的思想渗透人心，让农户能够根据需要自觉组织起来成立农民专业合作社。另外，还要注意根据需要因地制宜发展农民合作社，避免“跟风”和“激进”现象。并根据日本农协的系统阶段特征，结合我国国情提出在我国建立县级农业互助协会的设想，以期通过农业互助协会连接政府和农民专业合作社，使政府对农民专业合作社的发展状况有一定的了解，并根据具体情况提出、制定更有效的方针政策，从而促进农民专业合作组织的发展，推动地区农业经营的产业化和规模化，促使地区经济的发展。

四、研究方法及创新之处

1. 本书的研究方法

（1）历史分析法。为了对日本农协有个全面的认识、了解，本书主要运用历史分析法来研究日本农协的建立、发展及其改革的过程。研究内容从日本农协的起源到建立、发展及变革，历史跨度大，时段长，重点集中在战后的发展变化上。力图从日本农协的历史发展变化中寻求其有益的或引以为戒的地方，以期对我国发展农民专业合作经济组织起到一个很好的借鉴作用。

（2）文献学方法。针对本课题，搜集了大量的日文资料及国内相关研究资料。通过对资料的整理、分析，力图做到史料真实可靠，观点正确，结论更贴近实际。

（3）计量分析法。为了使相关分析和叙述更具有真实性和科学性，本书引用了大量的数据和表格来反映农协经营等方面的变化，使农协的发展变化呈现出量方面的特征。

2. 本书的创新之处

（1）研究视角的创新。本书从中国的视角来研究日本农协发展的历史，通过对日本农协发展变迁的历史过程的系统研究，总结日本农协发展历程中如何促进农业发展尤其是促进农业现代化发展的有益经验，为中国发展农业合作组织提供有益借鉴。本书在借鉴日本经验方面有所突破，结合我国现阶段的国情，提出在我国建立县级农业互助协会，以发展农业合作组织，促使地区经济发展的设想。

（2）研究方法的创新。本书在日本农协历史的研究中采取了量化研究的方法，即在历史叙述中尽可能使用数据来说话，对一些问题进行定量研究，增强了研究的科学性。

第一章 现代日本农协的历史渊源

现代日本农协成立于 1947 年，作为综合性农协，具有几个特征：一是自上而下的严密有序的组织体系。日本农协的组织体系是个自上而下的金字塔式的三级组织，全国有中央联合会（称为全中，JA）、都道府县级的联合会及市镇村的基层组织。[①] 通过这三级组织可以逐层实现政策方针的下达、地方意见的及时反馈等。二是全民加入地方所属的农协。每个农协管辖区的农民几乎是 90% 以上加入农协，而且同一个地方的农民只准加入当地的农协。三是广泛的、综合的工作。日本农协工作内容广泛，涉及各个方面。四是行政依存性。日本农协是在政府指导下建立起来的，战后日本政府所下达的农业政策都是通过日本农协来实现的，因而日本农协常被称为政府的“第二政厅”。现代日本农协的形成有一个历史过程，其历史渊源可以追溯到战前的产业组合、战时的农业会，最早可以追溯到江户时期的“赖母子”和报德社。

第一节 江户时期的农村协同组合

现代日本农协的形成有其历史发展过程，一般认为它的前身是战前的产业组合。事实上，战后的日本农协是由产业组合和农会合并成的农业会直接改编而成的，但如果要追究其历史渊源的话，可以追溯到江户时期具有代表性的民间金融组织“赖母子”和报德社。

一、“赖母子”的产生及其局限性

在近代之前的日本农村金融组织中，“赖母子”所具有的重要性是不容忽视的。“赖母子”因地区不同，其名称也有所不同，有的地方称

---

① 后来因其体系过于庞大，由原来的三级改为中央到地方的二级组织。

为“讲”，有的地方称为“无尽”。“讲”和“赖母子”产生的原因是不同的。“讲”原本是为共同进行神社、佛阁等的参拜，以宗教信仰为基础而产生的组织，被称为“伊势讲”、“太太讲”等。这种以宗教信仰为基础形成的“讲”，随着时代的发展，渐渐演变成以相互扶助为目的的组织。与此相反，“赖母子”是原本被称为“凭子（憑子）”、“凭母子”或“合力”等的组织，其目的是为了相互帮助而建立的民间组织。随着时代的发展，二者的区别逐渐消失，后来就直接称呼“无尽讲”或“赖母子讲”。随着“讲”性质的变迁，出现使用“无尽讲”这个说法。据说“无尽”是因日本镰仓时代的“土仓（即当铺）”作为资金融通的钱被称为“无尽钱”而得名。但不管是以宗教信仰为基础的“讲”，还是“赖母子”，其起源都可以追溯到日本的室町、镰仓时代。

到江户时期，“无尽”、“赖母子”的作用，大藏省《关于“无尽”的调查》一书显示，依其目的不同有以下几种作用：①资金融通；②储蓄；③遭遇天灾人祸者等的救济；④为物品的交付或特定的活动而筹集必要的资金或物品。“无尽”或“赖母子”的利用者主要是平民和城市小工商业者，在当时作为“平民金融机关”而占有重要的地位。“赖母子”作为下层农民的一种相互救助的组织，其出发点纯粹是为了一般平民或小工商业者在灾难时期可以互相救助，但随着商品经济的发展，渐渐变成了纯粹的金融组织而失去了其原有的目的。

关于“赖母子”的组织，在群马县令《讲会取缔规则》中对“赖母子”做了如下定义：“不管是赖母子讲、融资讲还是其他的名称，都拥有一定的会员，通过抽签、竞标或其他类似的方法向会员供给金钱或有价物品的一种组织。”也就是说，“赖母子”有一定的会员，这些会员每人定期交付一定的款项，将此笔款项作为他们互相进行资金融通的资金。虽然“赖母子”基本上都采用这种相互融资的形式，但是各自的具体做法却又有所不同。比如，有的是确定资金的初次被供给者，而从第二次开始是通过抽签或投标的方式决定被供给者，被称为“亲无尽”。与此相反，有的是不决定初次被供给者，自始至终都是通过抽签或投标方式来确定被供给者，被称为“无亲无尽”。根据交付“挂金”[1] 金额的不同，又有东京式和大阪式之分：东京式是指交付

① 是一种按天或月缴纳的钱。

“挂金”的金额是一定的，而大阪式的“挂金”交付则是逐渐减少。另外，在资金融资的方法上也有不同的做法：有的是属于完全信任型的，即对人完全信任，不要任何保证；有的则是需要物品的担保。可是，不管其做法的多样性如何，“赖母子”的本质则是平民的一种互助组织。它对于不堪忍受商人、高利贷的高额利息盘剥的下层农民来说，具有极其重要的意义。井孝关雄在《庶民银行》中对“赖母子”如此评价：“这是一种对古代高利贷资本主义的反抗运动，是一种想要自主地管理金融的运动”，极其强调了“赖母子”反抗高利贷资本的一面。

“赖母子”具有设立比较容易，会员之间通过血缘或地缘关系来保持密切联系，会员接受融资机会均等的特质。“赖母子”的这些特质使“赖母子”作为中小农民的金融机构并促使其发展方面发挥了很大作用。到了明治中期，随着商品经济向农村渗透，农民资金需求增大，“赖母子”开始在日本全国得到广泛普及。可是，“赖母子”在日本农村普及发展的过程，同时也是自身作为金融机构的局限性开始逐渐暴露出来的一个过程。

第一是利息的高百分率性和不均等性。一般“赖母子”的资金供给是通过抽签和投标的方式来实现的，但因为通过抽签的方式所决定的对象未必是资金需求者，所以抽签和投标两种方式兼用的组合渐渐变得多起来。投标方式的使用必然导致会员间的竞争加剧，进而一方面造成利息率的提高、资金借入者利息负担加重的结果，同时另一方面也给资金富裕者提供了一个谋利的机会。如表 1 - 1 所示，利息从最低 10.04% 到最高 28.62% 不等，但总的来说，利息还是挺高的。从这一点来看，“赖母子”虽然一方面是对高利贷的一种反抗，但另一方面其内部也纳入了高利贷掠夺的形式。

表 1 - 1　“赖母子”的利息变化

中签、中标次数	年利
第 1 次	10.04%
第 2 次	27.23%
第 10 次	13.98%
第 14 次	28.62%
第 20 次	15.99%
第 27 次	20.37%
第 40 次	11.72%
第 50 次	11.92%

第二是资金供给的不规则性。“赖母子”的特点原本就是以共同体为基础形成的一个集体，其会员被局限于一个很狭窄的范围内。据大藏省调查，当时“讲”的规模是会员在10人以上50人以下，每次的“挂金”在3日元至10日元之间。比方说现在有会员30名，每年开两次会的话，那么每个人都轮到一次资金借贷，就需要15年的时间。换句话说，这些会员每年只拥有一次资金融通的机会。随着商品经济的发展，农民的资金需求开始转向生产方面，这种初级的金融组织就不能适应农民的要求了。

第三是资金供给的不均匀性。“赖母子”具有区域的局限性，很难调节资金供需平衡。比如说，某个地区一旦遭受灾害，农民在同一时间对资金的需求会一下子增加，此种情况下，像“赖母子”这种小规模的地方性金融组织就很难满足需要。同样，在春夏农忙季节农民的资金需求，“赖母子”也不能同时兼顾许多，只能对其中极其有限的一部分农民发挥作用。从这一点来看，“赖母子”作为金融机关很不健全。

“赖母子”的缺点除以上所述之外，还有会员相互借贷关系不明确、信用基础薄弱等方面。但不管怎么说，“赖母子”是平民之间相互融资的互助组织，对当时的高利贷资本主义起到一定的抵制作用。

二、报德社的兴起及其特征

报德社最早是在德川末期的天保14年（1843年）由小田原的商人们建立的小田原报德社，是为了改善处于极其贫困中的农民生活，在二宫尊德[①]的指导下兴起的一种民间经济组织。

贯穿报德社组织的基本理念是由二宫尊德确立的报德思想，具体地说是至诚、勤劳、分度、推让四大纲领。“至诚”在幕府末期作为“新选组”[②]的旗帜而出名，但其真正的意义从大处来讲，常说至诚之

① 二宫尊德幼名二宫金次郎，江户时期的农政家，天明4年出生于相模国足柄上郡柏山村。幼时家境贫困，为了振兴家业，注重积少成多，一点点地开垦荒地，聚积农田，后来成为足柄上郡的一个大地主。后受聘于一些诸侯，在财政方面为他们出谋划策。他最大的功绩可以说是为了救济贫困的农村，在各村镇设立了报德社。报德社根据地区不同又有信友社、复兴社、克让社等名称。

② 1863年江户幕府召集武艺优秀的流浪武士而编制成的警卫队，属于京都守护职，用于镇压反幕府势力。

道意思是指救世、有益于世之法。从个人来说，是指为人处世诚恳，不强词夺理。“勤劳”，二宫尊德主张天有天道、人有人道。天道指的是春夏秋冬、白天黑夜、雨天晴天等自然现象。植物从土壤里发芽，受日光的照射、雨水的滋润而生长发育。动物又以植物为食而生存。这种循环就称为天道。在这种自然循环中，人类把作为种子的水稻，贮藏营养的萝卜等有益于人类的东西区分开来，并给予浇水、施肥、除草以图获得丰收。这种为了自己的利益而有意识地从事某种活动的行为就称为人道。如果没有人类的意志行为，人道就不可能存在，把人类意志持续保持下去的行为就是“勤劳”。“分度”，二宫尊德在进行农村复兴计划时很注重调查当地过去的生产量，其目的是从数据上来把握当地农村的生产量，并从现实的认识出发，约定生产者和领主的应得份额。针对个人，他常劝人要严守自己的身份，根据个人的生活水平采取相应的生活方式，以便使生活取得收支平衡，不出现入不敷出的现象。这种了解并根据自己社会的、经济的实力而规定生活水平程度的做法就称为“分度”。首先通过至诚和勤劳来增加收入，然后进行相应的支出，这种有计划性的做法，被认为是近代经营思想之所在。“推让”、“分度”确定好之后，收入如果有所剩余，那么把剩余的一部分收入留作将来之用，就称为“推让”。一般来说，用于自己的子孙比较容易做到，但要用于别人却是相当困难的，这要求人人都必须具备一个高尚的思想情操，否则这种做法是行不通的。二宫尊德就力推此举，把“推让金”用于灌溉等，就不必担心干旱、洪涝之灾害，自己的作物产量也会增加，村庄、社会也会变得富裕，从而实现一个良性循环。

二宫尊德的四大纲领相辅相成，缺一不可，构成了他所主张的报德思想的重要组成部分。二宫尊德的根本思想也就是报德思想。他认为万象具德，为了回报天、地、人的恩德，自己必须要有德行。他提倡严守“分度”，勤俭节约，将节约所产生的剩余用于社会公共事业（即推让），通过这种做法达到拯救贫困的目的。报德社就是在这种思想指导下建立起来的。二宫尊德的报德思想被认为是日本协同思想的源流。

报德社既是一种思想团体，又是一种互助金融组织。报德社的具体活动不仅涉及资金的借贷、遇害者的救助、植树造林、土木工程事业的进行、水利的改善、荒地的开垦等经济方面，还涉及善行者的奖赏、报德学的训话、社员的教导等精神方面，所从事的活动几乎涉及农民生活的各个方面，但其主要活动还是在于资金方面。报德社的社员人数不受限制，不管多少人都可以加入。成员加入报德社的条件不是看经济条件，而是看思想方面是否遵从“报德主义”，从这点看，也可以认为“报德社是一种教化团体”。报德社有社长一人，副社长一人，干事三人。社长负责整个社内的管理，副社长次之。干事根据社长的指示处理社内的其他事务。社员的义务是，社员心中时刻要牢记回报神恩、皇恩、国恩、父母祖先之恩德，各自进行勤俭之修行。

报德社的资金大致可以分为三种，即基础金（土台金）、加入金和善举金。“土台金”是基本资金，一般是由富豪或有志之士的捐助而构成的资本金。所谓加入金是指加入者按天缴纳的款项，它与“土台金”不同，根据加入者的意愿，可以自由地退出资金。而且，加入金还附有一定的利息，每年5分左右。因而，加入金也可以看做是我们现在所指的“存款”的一种。至于第三种资金善举金，顾名思义，是指为了奖励善行而设立的资金，资金的来源主要是加入者的捐助。它和加入金不同，一旦捐助就不能撤回。当善举金达到一定金额后，就转入“土台金”而组成报德社的基本基金。从这三种资金的来源看，通过捐助所获得的资金占很大比重，这可以说是报德社在资金方面所具有的主要特征。

关于报德社的贷款方法，其主要原则是助贷法。以此法为基础，再对报德社社员中的善行者、贫困者，以投票方式来确定贷款对象。然后无利息的借贷给被选定的社员，分年偿还。这里有必要说明的是，虽然说是无利息，但接受贷款者在还款时有支付“元恕金”的义务。“元恕金”的金额相当于一年的偿还金。当然，这里的“元恕金”虽然相当于利息，但不是金融意义上的利息。在报德社里，是受帮助的社员为了报答而向社里缴纳的钱。这种做法可以说是报德社所主张的报德精神的一种体现。

报德社的集会，除夏秋农忙时期之外，每年举行十次。会议内容除了讨论社内经营问题等，还就各项活动进行讨论。比如，研究耕作便利的肥料培育方法、鼓励勤俭、救助遭遇天灾人祸的灾民方法，还有开垦荒地、兴修水利等一系列的问题。

三、民间金融组织的作用及影响

“赖母子”和报德社等自发形成的民间金融组织，因时代的局限性而具有初级和粗糙的特征。但是，在日本独特的农业历史发展进程中，一定程度上、在某些方面还是具有一定的作用及影响。江户时期的民间金融组织与近代的协同组合有着密切的联系，“赖母子”、报德社等组织在后来的日本社会中仍然有遗留的痕迹。①

首先，江户时期的民间金融组织在一定程度上促进了生产力的发展，确保了农村经济的正常发展及农民或小工商业者经济生活的正常进行。以救济为目的的“讲”是农民自我保护性质的组织。在江户时期，租税纳税的单元是“村”。在赋税很重的当时，如果“村”的一员丧失经济实力而不能承担纳税责任的话，对整个“村”来说是个很大的打击。那么，这个“讲”就起到了对责任的共同承担者相互扶持的作用，可以说变相地维护了当时的封建生产方式。但是，后来各种形态“讲”的发展又对封建生产方式起到某种程度的瓦解作用。有的“讲”是以储蓄为目的结成的，它的存在有利于货币的积蓄和资本的转化。报德社一方面进行资金的储蓄，另一方面抵制高利贷或者生产资金的贷款。通过这些活动，不仅促进了农村生产力的发展，而且有利于农村资本主义的萌芽。“赖母子”和报德社是农村自发形成的在灾难时期进行互助自救的民间金融组织。当遇到天灾人祸时，这些组织通过给受灾的会员资金融通来帮助他们渡过灾难，保证他们生产生活的正常进行，从而也确保了当地经济的正常发展。二宫尊德通过报德社法来进行村镇的复兴，他曾使小田原、乌山、下馆、相马藩等大约600个村镇得到复兴，把当地的农民从贫困中解救出来，促进了农村经济的发展。

其次，报德社的德育教化为后来的协同组合思想的形成奠定了基础。报德社的指导思想是二宫尊德的报德思想。二宫尊德主张万象具德，他认为世上的万事万物都具备德性，为了回报天、地、人的恩德，自己必须要有德行。他提倡严守“分度”勤俭节约，将节约所产生的剩余用于社会公共事业（即推让），通过这种做法达到拯救贫困的目

① 即使现在，大日本报德社仍然存在。

的。报德社就是在这种思想指导下建立起来的。社员加入报德社的条件就是看其是否遵从报德思想。同时，报德社的事业活动不仅涉及经济方面还涉及思想方面，报德社的成员必须进行报德训话的学习。

报德训话内容如下：

父母根元在天地命令，身体根元在父母生育。
子孙相继在夫妇丹精，父母富贵在祖先勤劳。
吾身富贵在父母积善，子孙富贵在自己勤劳。
身命长养在衣食住三，衣食住三在田畑山林。
田畑山林在人民勤耕，今年衣食在昨年产业。
来年衣食在今岁艰难，年年岁岁不可忘报德。

从报德训话的内容来看，任何事物都有其恩德，教育人们时时刻刻不要忘记回报这份恩德。在报德社组织里，每次集会都会齐唱报德训话。由此来看，报德社在思想方面对成员起到了德育教化的作用，教育成员要具有诚实、勤劳、节约、互助等思想品德。报德思想对于消除日本小农意识、培养协作精神，具有重要作用。

最后，江户时期的民间金融组织为后来产业组合的成立提供了组织条件。日本的产业组合是在明治33年《产业组合法》颁布后成立起来的，可以说《产业组合法》的颁布是日本产业组合成立的标志。但在《产业组合法》制定前就有许多组合存在，主要是指信用组合、贩卖组合、购买组合和生产组合等。最早形成的组合可以说是信用组合，据明治31年统计，信用组合多分布于静冈、栃木、熊本和山形等县。其中，静冈县最多，有40个；其次是栃木、熊本，分别是10个；山形有7个。这些县都曾经是报德社等民间金融组织活跃的地区。留德公使品川弥二郎[①]、平田东助[②]在德国看到了该国近代合作组织的成功经验，深受启发，回国后着手筹办信用组合的建立，以上所述各县的信用组

① 明治时期的政治家。长洲荻藩出身，参加过倒幕运动。1870年出访欧洲，之后留学德国和英国，研究德国的协同组合。1881年任农商务省大辅，致力于大日本农会的设立。1891年任松方正义内阁的内务大臣，后因干涉总选举而辞职。之后组织国民协会，为信用组合和产业组合的设立也做出了贡献。

② 官僚政治家，米泽藩士出身。1871年随岩仓使节团访欧，1898年任法制局长官，1901年任农商务相，1908年任内相等。与品川弥二郎一起致力于信用组合的设立，1904年组织成立了大日本产业组合中央会，被称为产业组合之父。

合就是原来的报德社在他们的劝说和指导下建立起来的。所以说，报德社为产业组合的建立提供了一定的组织条件。

江户时期的民间金融组织“赖母子”和报德社可以说是近代协同组合的萌芽。特别是报德社被看做是比“赖母子”更先进的一种金融组织形式，在形态上与近代的信用组合具有很多共同点，因而报德社常被评论为“本质上是日本的信用组合，是信用组合的原型”。“赖母子”和报德社等民间金融组织的发展，不仅对当时的经济或思想产生了深远的影响，而且对后世也有一定的启示作用。

第二节　战前产业组合的产生与发展

一、战前产业组合的产生背景

明治[①]初期，新兴的明治政府为了巩固统治，加强管理，开始着手废除封建制度，以期建立一个能够促进资本主义经济发展的新的社会制度。为此，明治新政府采取了于明治 2—5 年废除封建身份制度、明治 4 年进行废藩置县等措施，在政治上确立中央集权制度。同时，在经济上促使全国统一市场的形成和发展，为资本主义的发展创造了条件。

另外，封建地租的存在，是资本主义发展的一个严重障碍。明治政府要发展资本主义，特别是后来的“殖产兴业”政策的推行都需要大量资金，而政府财政的主要来源就是当时占支配地位的农业。事实上，明治初年政府财政收入的 80% 都是来自封建地租。但是当时的地租形式又是实物地租，是根据收获量的多少来征收实物的一种赋税形式。这种地租因为是实物地租所以存在诸多问题：首先是体积大、重量重等造成征收、运输方面不方便；其次是受自然条件的限制，遇到自然灾害，农作物收获减少或颗粒无收时，政府的税收就不能保证。因而这种实物税收形式造成政府收入的不稳定。鉴于以上原因，明治政府于明治 6 年（1873 年）颁布《地租改正条例》，进行地租改革，统一征税标准，对土地所有者按地价进行征收，把实物形式改为货币

① 明治元年为 1868 年，明治年份换算公历的方法为“1868 + 明治年份 - 1”所得数字，即为公元年份。如明治 6 年为公元 1873 年。

形式。新的地租征收方式并没有改变幕府时期的沉重赋税负担状况，而且不管农作物收获与否，都要缴纳一定量的现金，农民的负担比起德川末期可以说有过之而无不及。但是，以金代物的征收方式，使农民必须把自己生产的农产品变换成货币，换句话说，必须使自己的农产物商品化才能实现税收的正常进行，这在一定程度上也促进了农村商品经济的发展。

明治政府通过这些政策的实施，推动了日本资本主义的发展，同时也推动了日本农村商品经济的发展。随着农村商品经济的发展，从明治10年（1877年）到明治20年（1887年），几种产业组合的初始形态在日本农村自发形成，主要有：贩卖组合、购买组合、信用组合等。

1. 贩卖组合

虽然在江户时期就有民间金融组织形式，但在明治维新以后最早产生的不是信用组合而是贩卖组合。从贩卖组合所经营的种类来看（见表1－2），主要是生丝、茶叶等经济作物。明治31年（1898年）有141个贩卖组合，其中生丝、蚕种贩卖组合有44个，茶叶贩卖组合有49个，二者约占总组合数的66%。与此相反，米谷类仅有1个组合。从贩卖组合的地区分布来看，主要集中于群马、静冈、宫崎等县。贩卖组合的这种畸形发展源于国内外市场的需求。

表1－2　贩卖组合的经营类别

类别	明治29年（1896年）	明治31年（1898年）
生丝、蚕种	51	44
茶叶	16	49
米谷类	3	1
其他	10	47
总组合数	80	141

自幕府末期对外开放港口以来，日本农产物与国际市场接触，其市场需求量特别是海外资本主义国家丝织业工厂对生丝的需求量增大。市场需求扩大了，但生产供应跟不上，造成价格暴涨。一些中间商为了牟取暴利，就从生产者手里大量购买生丝，生产者为了赶上销售也就大批量生产生丝产品，结果造成产品质量不过关，失去海外市场的

信赖，对出口造成影响，进而引起市场需求减少，价格下跌。鉴于以上原因，贸易者想要确保质量，确保海外贸易市场，生产者则想要减少中间商人的盘剥，于是在双方利益要求一致的基础上，以这些农产品为出口对象的组织在主要生产地就开始设立起来了。

2. 购买组合

购买组合产生的时期比贩卖组合要稍微晚些，但同样是自发形成的。因与资本主义市场的接触而引起的农业经济的变化可以说是农产物的商品化，同时它也间接促进了工业产品的购买。日本自横滨港口开放以来，受资本主义高度发达的国外市场的影响，生丝、茶叶等在日本也就开始发展起来。可是，像大米、小麦、蔬菜等一般的农产品的商品化则远远落后于生丝、茶叶等。明治17年、18年以后，随着资本主义工业的发展，日本国内市场开始扩大，一些工业产品开始进入农村市场。当时进入农村的主要是与日常生活消费相关的产品，其中也有一部分对农业经济发展起很大作用的化学肥料。明治二十几年，在日本政府的指导下，通过农谈会、大日本农会等组织，曾在各地开展农史改良运动。随着改良运动的开展，从明治二十几年开始，以共同购买肥料为目的的购买组织开始形成。但是，在当时的日本农村，因为肥料的使用还不普及，仅限于先进地区的一部分上层农家，所以这些购买组合也仅称得上是由地主及上层农家所组成的协议组织。表1－3为明治21年至明治31年肥料购买组合的设立状况统计。

表1－3　明治21年至明治31年肥料购买组合的设立状况变化

明治年份	21	22	25	26	27	28	29	30	31
设立数量	1	2	3	8	3	3	7	6	4
合计	1	3	6	14	17	20	27	33	*39

注：明治31年39个购买组合，其中有2个组合设立时间不详。

从肥料购买组合的设立状况来看，数量少，地区局限性大。如表1－3所示，从明治21年至明治31年的十年，购买组合的数量有了一定量的增长，但数量有限。明治26年设立的数目最多，有8个；其次是明治29年，7个；明治30年，6个；其他年份，都少于5个。这说明当时的农业商品经济虽然有了一定的发展，但农业生产资料的购买力并不大。

另外，购买组合分布地区也有一定的局限性，它大多集中在几个特殊地区。具体分布见表1-4。

表1-4 明治31年购买组合地区分布状况

地区	静冈	群马	滋贺	山口	三重	枥木、冈山、高知	其他8县	合计
数量	8	6	4	4	3	各2	各1	39

从上表可以看出，静冈、群马两县的数量最多，这两县购买组合的发展与两县制茶、生丝等农产品的高度商品化是密切相关的。其次是滋贺、山口、三重等县，滋贺、山口两县是大米的主要生产县，三重是出口茶的先进地区。

3. 信用组合

前面提到贩卖组合和购买组合的产生是受国际市场及国内资本主义发展的影响而自发产生的。信用组合产生于明治二十几年后期，它和贩卖组合、购买组合的产生因素稍微有点不同。它的产生不仅受国际市场及国内资本主义发展的影响，而且它还受其他因素的影响，其中，平田东助、品川弥二郎的个人影响特别重要。

从明治31年信用组合分布地区调查来看，当时的信用组合大多分布在几个特殊地区：静冈县最多，有40个；其次是枥木、熊本，分别是10个；山形，有7个。这四县的组合数目总和占全国总数目的一半以上。这些组合是在德川末期形成的十分发达的报德社组织基础上建立起来的。明治24年平田东助接受任内务大臣的品川的指示起草信用组合法案之际，曾实地调查报德社的业绩。在调查中，他认为报德社是建立在封建经济之上的产物，随着资本主义经济的发展，它已经不能适应新形势的需要，于是积极介绍德国的信用组合，极力劝说把报德社改为信用组合。在他们的倡导下，明治25年远江国报德社社长冈田良一在静冈县挂川町设立了挂川信用社，同年9月副社长在同县设立了见付报德社联合信用组合，明治26年同县的报德社又设立了四个信用组合，之后在枥木、山形等县也陆续设立了信用组合。这些组合都是在原有报德社组织基础上建立起来的。品川居住枥木，山形是平田的故乡，明显看出，这个时期的信用组合几乎都是在品川和平田的直接或间接指导下改组或设立起来的，不是自发形成的。

这时期产生的信用组合实际上并没有依照指导者的理念发挥其作用。当时设立信用组合的目的是让佃农储备资金以备灾荒时使用，以确保地方经济的安定，但实际上组织的核心成员多是地主和高利贷者，结果信用组合成了地主或高利贷者征集粮食或偿还贷款的保证。另外，还可以说它还发挥了把从农户吸收的零碎资金运用到其他方面的职能。从整体来看，这时期品川、平田的信用组合运动并没有被广泛的农村地区所接受，而是仅仅限于那几个特殊地区。

二、《产业组合法》的制定

明治 33 年（1900 年）产业组合法的制定才使前面所述组合以法定的形式存在下来。明治 24 年，《信用组合法》在第二次帝国会议上曾被内阁提议，当时是由任内务大臣的品川弥二郎和任法制局长的平田东助立案起草的。其立案意图是，国民的十人中有七人是小农、小商人或小工业者，由他们构成了国家的基础，可是他们的经济却有衰退趋势，为了这些中产以下的人，必须打开金融方面的途径，利用低利息的资本，同时提倡用经济自助的精神来培养地方实力。其方法就是设立信用组合，让会员缴纳少量的资本以储备资金，另外给需要者提供资金需求。

品川、平田都曾在德国留学，学习德国的产业经济，在德国留学期间了解了德国信用组合的功绩，深受启发，归国后就开始着手从事建立信用组合的运动。

《信用组合法》因受到大藏省和农商务省的反对而未能执行，之后由于中日甲午战争的影响，各种法案的立案都不得不延期进行。随着战争的结束，日本资本主义得到迅速发展，农村受到很大影响。另外，劳动者日益成熟，开始结成劳动组合期成会和社会主义研究会等，社会问题也日益严重。在这种背景下《产业组合法》在第 10 次帝国会议上由政府提出，由农商务省负责立案工作。立案理由是，产业的兴衰关系到国家的兴衰，现在日本除一部分工业外，都是中产以下的人。他们资金缺乏，除信用组合外，还应设立共同购买、共同贩卖、共同制造及共同使用等组合以取得更好发展。

《产业组合法》的特征是承认除信用组合外其他几种组合的存在。这个法案约进行了一个月的审议，但进展不顺，对法案的反对意见很多，其中有人认为这个法案限制了经济的自由发展。之所以出现这种意见，是因为除了对产业组合的理解不全面外，还基于对当时经济形势的考虑。当时是中日甲午战争后不久，各种产业处于急速发展之际，思想上则是自由思想比较兴盛时期，而《产业组合法》的内容具有统制性，它的实施阻碍商业的发展。委员会经过八次审议，虽然进行了若干方面的修正，但应该只采用信用组合的意见极其强烈，政府方面未能取得认同，法案审议以不了了之而告终。

之后，农商务省对法案重新进行讨论，产业组合法案于明治33年在第十四会议上再次被提出，这次几乎没有反对意见，毫无悬念通过了立法。该法案于同年3月颁布，9月1日开始实施。就《产业组合法》的内容来看，该法案承认了信用组合、贩卖组合、购买组合、生产组合四种组合的存在并规定了它们各自所经营的事业。规定除接受存储款及借贷外，内容包括从农产物的贩卖、工业用品及日常生活用品的购买到农产物的加工及生产设备的利用等涉及农业经营和农家经济等方面。设立的地区原则上是在一个市镇村内，由7人以上的组员构成。

《产业组合法》的实施可以说给了产业组合一个法律的依据，但在实际操作过程中仍存在着一定的问题。

第一，该法案规定贩卖、购买、生产三种组合可以进行事业兼营，但因担心信用组合的资金用做其他而造成信用组合的经营危机，所以规定信用组合不可兼营其他，这种做法在实际经营中产生了一些问题。比如，在一个市镇村内设立经营四种组合的话，至少必须要成立两个组合。另外，贩卖、购买等存在季节性，在农忙时节比较繁忙，但在农闲季节几乎处于停滞状态，造成人力、财力的严重浪费。

实际上信用组合的兼营禁止还存在一个致命的弱点，那就是不能有效地把资金运用到农业经营上去。当时缺乏资金的农民往往是把收获的农产品立即卖出，得来的货款用于之后的农业生产经营资金或日常生活消费资金。而且，肥料等生产资料及日常家庭生计用品一般都是从商人那里赊购来的，那些商人又大都兼做米商。因此，农民农产品的销售商人往往是事先就定好的，赊购哪家的商品就会把米卖给哪个商人。这样，商人就会趁机大肆压价，造成农民以低廉的价格出售农产品以偿还所欠账款。如此周而复始，就产生了“肥料的赊购—米的低价销售—肥料的赊购”这样一个恶性循环。这种循环使农民对前期资金不能自由支配。为了实现共同购买、共同贩卖，必须具备以下两个条件之一：其一，从农民方来说，是对农民进行贷款以确保农家肥料购买资金。其二，从组合方来说，要确保组合有肥料购买及被委托销售的农产品货款支付的资金。要想满足第一个条件，就需要信用组合的借贷，但因为禁止信用组合的兼营，所以这个条件很难满足。至于第二个条件，则需要组合有足够的前期资金，但这些组合原本就是由资金缺乏的农户出资构成，组合的资金多寡就可想而知了。所以说，信用组合的兼营禁止严重制约了资金在农业经营上的有效运用。

如果信用组合可以兼营其他的话，这些问题就可以解决了。禁止信用组合兼营可以说是《产业组合法》的一大缺点。从战后产生的农协经营的广泛性来看，农协就弥补了这一方面的不足。

第二，不许可联合会的存在。各个组合都是以市镇村为单位建立起来的，还未能考虑到把它们联合起来组成以郡或县为单位的联合会，不能提高共同化的效果。

事物的发展都有一个日益完善的过程。随着资本主义经济的发展、产业组合的普及和发展，产业组合制度也将得到完善和发展。

三、产业组合的普及和发展

明治33年9月，《产业组合法》实施之后，产业组合并没有立即在日本普及，各种产业组合设立数量增加不多，见表1－5。

表1－5　产业组合数量变化

明治年份	信用		贩卖		购买		生产		合计
	包含兼营	其中单营	包含兼营	其中单营	包含兼营	其中单营	包含兼营	其中单营	
33	13	13	5	1	7	2	2	－	21
34	191	191	32	12	54	36	10	4	213
35	331	331	84	37	125	71	45	11	512
36	549	549	152	61	224	128	78	16	870
37	751	751	237	80	333	190	121	30	1 232
38	986	986	344	92	492	237	178	38	1 671

注：因每项组合里都包含兼营组合，存在重复计数现象，所以各种组合的总和与合计数不一致。

从表1－5可以看出，《产业组合法》实施以来，信用组合逐年增长，数量最多，几乎占总数的60%。从每年产业组合的增长数量来看，明治33年至明治38年，每年产业组合总数增长数百个，明治38年的组合总数达1 671个，与《产业组合法》颁布前的数量相比有了很大增长（见表1-6）。

表1-6　产业组合法发布前的协同组合数量

明治年份	信用组合	贩卖组合	购买组合	生产组合	利用组合	合计
29	101	80	21	8	9	219
31	144	141	39	14	8	346

可是，从地区平均分配数量来看，数量就显然少得多。信用组合最多，平均每县将近16个；购买组合，平均每县不足7个；贩卖组合，平均每县连5个都不到。可见，这时期的组合开展进程还是比较缓慢的，一直到日俄战争后，组合才开始急速增长。

1. 日俄战争后日本产业组合的发展

随着日俄战争的结束，日本努力扩大殖民地以获得更广泛的商品市场，同时还在殖民地投入资本强行推行帝国主义政策。国内的工业生产以此为契机迅速发展，促使了资本主义经济体系的完成。在农业部门，资本的支配深入农村，可以说在这个时期日本农村经济已经完全被卷入商品经济的浪潮之中。明治40年出现经济危机，日本经济呈现萧条状态，被卷入商品经济浪潮中的日本农业经济因此受到很大影响。经济萧条使市场需求减少，引起农产品价格的降低，农民收入减少。为了弥补收入的锐减，农民往往通过大量销售农产品来获得减少的收入，这样，市场上农产品供大于求，又会造成价格的暴跌，使农民陷入贫困境地。

日本政府为了维持农业经济，阻止农业的没落，开始全盘推行农业保护政策。这个时期农产物价格特别是米价的降低是使农民贫困的主要原因，因而政府把米价维持政策作为农业保护政策的中心。同时，为了推行农业保护政策，日本政府开始关注产业组合，对产业组合积极推行援助政策并把此作为农业保护政策的重要一环。具体措施如下：

明治37年、明治42年两次召开产业组合学习会来普及产业组合知识，明治41年开始以各种名义拨款给“产业组合中央会”的前身“大日本产业组合中央会”，通过该会来培育和发展产业组合。

截至大正6年（1917年），为了适应新形势的需要，曾前后三次对

《产业组合法》进行修改。第一次修改是在明治39年，这次修改中最重要的一点是允许信用组合兼营其他种类的事业。这次修订给产业组合的发展提供了便利。第二次修改是在明治42年，在这次修改中，允许设立产业组合联合会和中央会并设立预约加入信用组合制。联合会制度的设立使信用组合调节组合间的资金不足问题成为可能，也为购买、贩卖组合扩大购销而节约流通资金成为可能。根据法律修改的结果，产业组合中央机构开始设立，同年10月，大日本产业组合改组为产业组合中央会。明治43年以后，产业组合联合会在各地相继设立。大正6年，政府对《产业组合法》进行了三次修改，修改内容除涉及信用组合和生产组合外，其他都是围绕简化产业组合的组合及手续方面的内容，通过这次的修改，使信用组合与资本主义金融体制密切结合起来。

另外，日本政府于明治40年、明治43年对《农工银行法》、《北海道拓殖银行法》进行了修改，明治43年对《劝农银行法》进行了修改，通过这一系列的法律修改，允许对产业组合提供无抵押贷款。特别是在明治44年的《劝农银行法》修改中，规定通过劝银向组合供给国库的低利息资金。通过这些法律的修改，给信用组合在资金方面提供了很大的优惠。

通过以上产业组合保护政策及奖励政策的实施，产业组合的设立数量自明治40年后急速增加，到大正初年，产业组合的组织网络已普及到全国（见表1－7）。

从表1－7可以看出，明治40年至明治44年这几年协同组合设立数量急速增长，每年约一千个组合设立，其中明治43年数量最多，有1 618个组合设立。大正元年至大正8年间，每年数百个组合设立。从组合总数与市镇村总数的比率来看，大正7年、大正8年的比率高于100%，由此可以说明，这时产业组合的普及已经具有广泛性，而不再单纯局限在几个特殊地区。

表 1－7　明治 40 年至大正 8 年间日本产业组合的普及状况

年份	设立组合数	解散组合数	现有组合数	组合总数与市镇村总数的比率
明治 40 年	893	－	3 363	26.3%
明治 41 年	1 026	－	4 391	35.3%
明治 42 年	1 299	－	4 690	45.9%
明治 43 年	1 618	－	7 308	59.0%
明治 44 年	1 355	－	8 663	69.9%
大正元年	1 020	－	9 683	78.2%
大正 2 年	772	*632	10 455	84.6%
大正 3 年	964	359	11 160	90.4%
大正 4 年	753	404	11 509	93.3%
大正 5 年	804	560	11 753	95.6%
大正 6 年	658	386	12 025	98.0%
大正 7 年	914	416	12 523	102.2%
大正 8 年	1 076	477	13 106	107.1%

注：“*”标注的数字是从明治 33 年到大正 2 年的累计数字。

明治 43 年《产业组合法》第二次修改规定了产业组合联合会的合法性之后，自同年开始，联合会开始设立起来。明治 43 年有 13 个组合，之后到大正 8 年，平均每年都有 10 个以上的联合会成立，到大正 8 年已经有 123 个联合会存在，具体设立状况见表 1－8。

表 1－8　产业组合联合会设立状况

年份	明治 43 年	44 年	大正元年	2 年	3 年	4 年	5 年	6 年	7 年	8 年
数量	13	24	34	52	63	72	81	92	103	123

纵观这时期的产业组合的发展，具有以下几个特征。

第一，产业组合的普及性。可以说这个时期是日本产业组合的普及期。因前面已经论述，在此就不多做赘述。

第二，产业组合发展中比较明显的一个特征是信用组合的发展。自产业组合成立以来，信用组合的发展在产业组合的发展中一直处于领先地位，到大正 5 年，信用组合的设立几乎遍布日本所有的村镇。购买组合的普及程度虽位于信用组合之下，但也已在全国范围内初具规模。与前两者的发展相比，贩卖组合的发展要稍微落后，虽然从数量上来说与购买组合数量几乎相当，但多数组合都是名存实亡，虽有这个组合但未进行经营，被称为“睡眠组合”。总的来说，在各种组合的普及状况下，信用组合急速发展，特别是在法律保护下，以信用为核心的兼营组合的发展是这时期的主要特征之一。

第三，产业组合组织成员的中心力量的变化。如果说在明治三十几年甚至更早点的年代里，产业组合是以地主和富农为中心的一个组织的话，那么，明治四十几年以后，随着产业组合的发展及普及，产业组合渐渐变成有中农加入的一个组织。

另外，产业组合联合会的设立及发展也是这时期产业组合发展的一个特征。

2. 第一次世界大战后产业组合的发展

1914 年第一次世界大战爆发，四年的战争使欧洲各国经济处于崩溃的地步。但是对日本来说，第一次世界大战不仅给日本统治者提供了暂时实现其对华野心的机会，而且在经济上也开辟了空前繁荣的道路。大战爆发不久，由于世界贸易的中断及混乱，日本经济受到打击，但是从 1915 年下半年开始，日本出口急剧增加，国内工业得到迅速发展。原因是战争期间，欧洲各国忙于战事，无暇顾及国内工业的发展及对商品销售市场的控制，日本趁机加大国内工业的发展，炼铁、造船、机械制造等工业迅速发展起来。

第一次世界大战期间，由于军需等因素的影响，日本的经济呈现畸形发展。大战刚结束，日本就爆发了经济危机。1918 年底至 1919 年初，经济受到普遍打击，钢铁、海运、造船等军需物资生产部门受损严重，如生铁、铜、船舶的售价与运费下降 1/2 至 4/5 不等。物价、股票价格暴跌，对外贸易由出超转为入超，1919 年上半年入超达 2. 2 亿日元。1918 年的危机来势虽猛，但经过调整，至 1919 年 4—5 月开始回升。[①] 然而好景不长，1920 年日本股市出现暴跌，日本经济又陷入新的危机。截至同年 9 月的半年时间里，股价下跌一半，一般物品的物价大约下跌 70%。证券交易所和贸易交易所纷纷关门，工厂倒闭，银行破产。工人失业，工资大幅度下降。

---

① 赵建民，刘子苇：《日本通史》，复旦大学出版社，1989 年。

经济危机给农村农业带来了很大的影响。一战期间日本资本主义经济的发展曾使农产品价格暴涨，农业经济出现暂时的好景象，这种现象促使农民向小商品生产者转化。但随着经济危机的爆发，农业经济转入萧条，农产品价格出现低落，1920 年即大正 9 年，2 月的最高米价是每石 54 日元，到第二年的 2 月跌落到 27 日元。1920 年蚕茧的价格由 20 日元跌到 7 日元。一方面农产品价格下跌，另一方面，地主并没有因农产品价格下降而减少地租。面对双重经济压力，农民生活苦不堪言，各地纷纷发起要求地主减免地租的运动，这种“小作争议”即租佃纠纷，1920 年发生了 408 起，1921 年发生了 1 680 起，比上一年增加了三倍以上。

面对经济上、政治上的压力，日本政府对农民运动采取镇压的同时，也采取一些怀柔政策即农政方面的政策，其中之一就是对产业组合在政策上进行强有力的扶持培育。

在这一阶段，产业组合政策的主要内容是：第一是在法律上支持全国联合会的成立。大正 10 年 4 月对《产业组合法》进行了第四次修改，主要内容是扩大联合会构成的地区范围，允许全国范围内设立联合会。另外，把生产组合及其联合会改为利用组合及利用组合联合会，扩大其范围。这一内容的修改，不仅涉及经济方面而且还涉及日常生活方面，比如，婚丧祭司之用具的备用、工会堂的设立、医院的建成等。大正 12 年 4 月又进行了第五次修正，这次的修改主要是对同年《产业组合金库法》的修补，在《产业组合法》中插入了产业组合中央金库的字样，从法律上明确了可以设立产业组合金库。于是，1923 年 5 月设立了全国购买联合会，同年 9 月设立了产业组合中央金库，昭和 2 年 1 月设立了大日本生丝贩卖组合联合会。至此，产业组合由最初地方上的基层组织到基层组织的联合（即联合会）再到全国性的联合会，逐渐形成了一个有体系的组织机构。第二是行政机构的设立，具体的来说是自大正 14 年农务局产业组合课创立以来，地方上纷纷设立了掌管产业组合的部或课。第三是加强经由产业组合投入的农业补助金等的管理。

通过这一系列政策的实施及从本身利益出发积极接受这些政策的当地中小地主阶层的努力，基层产业组合发生了很大的变化。从组合成员阶层的变化来看，由原来的“上层组合”转化为“全层组合”；[①]从本身性质来看，从原来纯粹的经济机构转变为国家政策执行、阶级协调的机构。

这段时期可以说是产业组合在组织机构上的一个充实完备期，但不很顺利。1920 年加入产业组合的农民总户数所占比率是 33%，1929 年增加到 59.5%，增加了近两倍。另外，在 1929 年，70% 以上农户加入产业组合的府县遍及 16 个，从这个意义上说，产业组合的普及率还是很高的。可是，从表 1－9 可以看出，除了信用组合发展有明显扩大外，其他组合几乎处于停滞状态。同样，贩卖组合的总额度有所增加，但每人平均金额呈减少状。

表 1－9　产业组合的事业规模

金额单位：百万日元

	年份	存款金额	贷款金额	购买金额	贩卖金额	利用金额
总额	1914	25	49	23	31	0
	1919	186	132	150	186	1
	1923	414	381	138	170	3
	1929	1 108	911	164	255	6
	1932	1 068	1 032	135	203	6
	1937	1 748	1 074	355	599	13
每人平均金额	1914	23	43	30	59	－
	1919	106	75	111	185	－
	1923	156	144	61	101	3
	1929	295	242	54	95	3
	1932	271	263	39	64	3
	1937	356	218	72	127	3

总之，这一时期的产业组合从组织上来看，组织机构得到发展并完备起来；从组织成员的构成来看，组合成员由单一的地主或富农向包含有佃农的多层次性外延发展；从事业上来看，各项事业几乎处于停滞状态。可以说以上几点是这一时期产业组合发展的主要特征。

① 上层组合是指成员主要是地主和富农的组织。全层组合是指成员从地主到佃户包括所有阶层人员的组合。

3. 昭和经济危机到二战期间的产业组合

还没有从一战后20年代的经济危机摆脱出来的日本，到30年代又陷入了新的危机，从一战后1920年（即大正9年）的经济危机、1923年关东大地震、[①] 1927年金融危机至“昭和恐慌”，[②] 可以说日本一直在危机与危机之间徘徊。“昭和恐慌”于1929起源于美国，截至1933年，历时4年，具有破坏性大、历时时间长、波及范围广等特点。美国经济危机爆发后，迅速蔓延到世界各地，日本未能幸免。这次世界经济危机真正波及日本是在1930年，危机爆发后出口锐减，物价暴跌，企业缩短生产，减少工资，大批工人失业。

这次世界经济危机同时也伴随着农业方面的危机。日本的农业长期处于经济危机的低迷状态中。农业危机具体表现在三个方面：第一是对美生丝出口的锐减造成日本国内养蚕业的衰败；第二是朝鲜、台湾等殖民地的稻米过剩化，出口受阻；第三是北海道一带的大灾荒。日本农业的两大支柱产业“大米和蚕”的惨淡给日本大部分农村带来了沉重的打击。另外，城市大量失业工人大批回归农村给城市工商业部门所带来的不良后果也以各种形式影响到日本农村。因此，日本农村的地主及农民等诸阶层经营困难，生活贫困，农村财政崩溃。

面对严峻的农业经济危机形式，日本政府采取了一系列的农业经济危机救济对策，主要有救农土木工程、农村金融对策及农山渔村经济复兴五年计划。

救农土木工程主要是指通过预算，内务省及农林省自昭和7年至昭和9年的三年间拨出53 400的经费再加上地方上的费用用于兴建土木工程，把所得收入应用于农村经济建设。但是实际上，所得收入远远少于材料费等支出金额，所以救农土木工程仅是个暂时应急措施。

农村金融对策的内容由《不动产融资及补偿法》、《产业组合中央金库特别融资及损失补偿法》、《金钱债务临时调停法》、《农村负债整顿组合法》及《农业动产信用法》等一系列的法律组成，其目的是促

---

① 1923年9月1日11点58分发生在日本的地震，震级7.9级，受灾严重，死亡99 331人，受灾人数多达340万人。

② 指1929年至1933年的经济危机。日本一般把1927年的金融危机和1930年以后的危机总称为“昭和恐慌”，即“昭和危机”。

使在农业经济危机中陷入冻结状态的农业金融循环。其中，《农村负债整顿组合法》内容是指以村为单位设立负债整顿组合，在市镇村设立负债整顿委员会作为其上级机关，并让这些组织负责制订负债整顿案，之后，政府通过大藏省的储蓄部对市镇村提供必要的资金融通，都道府县在一定限度内给予损失补偿的一种法律规定。可是，对象仅限于高利贷债务，银行及产业组合的借贷不在其整顿对象内。而且，对高利贷也仅限于通过负债整顿组合的斡旋缓和条件，另外，提供资金融通还要考虑到尽量避免提供的资金收不回来的情况。因此，实际上需要救济的农民根本就利用不上这个措施。所以自该法制定之后的四年内，累计借贷金额只有2 500万日元，连预算的50%都还没有达到。

农山渔村经济复兴五年计划是指在第一个五年计划里，政府指定日本全国一万两千多的镇村中五千个村镇为经济复兴村镇，并根据政府的指示方针设立经济复兴委员会，在政府的指导下实现这些村镇的经济复兴。为此，昭和7年9月农林省新设了经济更生部，10月发布了《关于农山渔村经济复兴计划的训令》，同时公布了《农山渔村经济复兴计划助成规则》，另外，传达了作为经济复兴计划依据的《农山渔村经济复兴计划树立方针》。在这个方针中，要求“与经济行为相关的事项及其执行都以产业组合为中心”，“经济复兴计划委员会的委员尽可能从了解产业组合的相关人员中选拔”等，从中可以看出产业组合被赋予了高于其他农业团体的地位。之后，产业组合就成了执行农业政策的中心机构。

随着农业经济危机救济对策的实施及执行，产业组合自身也在变化发展中。具体体现在对《产业组合法》、《产业组合中央金库法》等的修改及产业组合扩充五年计划的实施和各种类型的全国联合会的成立等。通过《产业组合法》及《产业组合中央金库法》的修改，产业组合的组织更加牢固。至于产业组合扩充五年计划，昭和7年制定，昭和8年1月开始执行，具体达到的目标如下：①在所有未设置组合的农村设置产业组合。②所有农户都加入组合成为组合会员。③农村产业组合必须从事信用、贩卖、购买、利用等工作。④存款倍增，达到21亿日元。⑤贷款金额达到19亿日元，同时对组合成员的负债、组合的固定贷款进行整顿。⑥大米经营占运往管辖区域外大米的57%，1 800

万俵（袋）①，小麦经营占管辖区内生产额的34%以上，生丝占出口额的20%，11万俵。⑦化肥组合所统制的可能金额为320万吨的60%。⑧农业仓库要达到贩卖大米的1/3即1 100万石的容纳量。⑨整顿内部组织，广泛开展活动。⑩充实完备既存的地方上的和全国的联合会机关，同时，设置全国农产物贩卖联合会、全国农业仓库相互火灾保险组合、产业组合中央机关联络委员会等。⑪开展职员组合及一般教育活动的同时，促进青年、妇女、儿童的组织活动。

从其内容来看，似乎是产业组合自身的扩充计划，实际上是沿着政府所提的“经济复兴五年计划”的路线来进行自身改革的。另外，经济上也是由农林省的产业组合扩充费所支持。由此可以看出，在信用事业上，国家权力与产业组合紧密结合在一起。从以后的许多事实来看，甚至不仅仅是信用组合，就连购买、贩卖、利用等部门都是在国家强有力的统制下开展的。

通过国家农业经济危机救济政策及产业组合五年扩充计划的实施，产业组合在这一时期取得很大的发展（见表1-10）。

表1-10　昭和5年至昭和11年产业组合组织的发展

单位：千人

年份	昭和5年		昭和8年		昭和11年		昭和11年比昭和5年的增加数	
	组合数	组合成员数	组合数	组合成员数	组合数	组合成员数	组合数	组合成员数
信用组合	11 449	3 861	11 617	4 140	12 437	4 785	988	924
贩卖组合	7 777	2 845	9 529	3 536	11 856	4 624	4 079	1 779
购买组合	9 576	3 151	10 721	3 811	12 163	4 879	2 587	1 728
利用组合	5 073	1 998	7 158	2 835	10 484	4 378	5 411	2 380
农业仓库业经营组合	2 658	-	3 726	-	4 860	-	2 202	-
总数	13 161	4 743	13 446	5 238	14 140	6 127	979	1 384

注：信用组合、贩卖组合、购买组合、利用组合都包含兼营组合。

从上表可以看出，从昭和5年至昭和11年，组合数目增长虽不是很明显，但也增加了979个组合。组合成员数目增长迅速，增长了1 384 000人左右，增长率约29.2%。昭和11年的组合成员数是

① 日本计量单位，即“袋”，一般“四斗”为“一俵”。

6 127 000人，其中包含法人（即农事实行组合）23 938 人，而昭和 11 年的总农户数是 5 597 465 户，该年度组合成员数与总农户数的比率为 109%。由此可见，这时产业组合已经遍及日本全国的各个角落，普及到每家每户。

综上所述，经过日俄战争后的初步普及及发展、一战后的完善与充实及昭和经济危机时期产业组合扩充计划的实施，日本产业组合从组织机构上来看，已经形成一个包括地方基层产业组合、都道府县联合会、全国联合会等从地方到中央的完备团体，从组织成员中心力量变化来看，产业组合已经从由地主、富农为中心的“上层组合”变成由全民加入的“全层组合”，从其性质变化来看，产业组合已经由原来纯粹的经济机关演变为在国家政策指导、经济援助下的行政机关。

第三节　战时统制经济体制下的产业组合和农业会

一、战时的统制经济与产业组合

1. 战时的统制经济

昭和 12 年即 1937 年中日战争爆发，日本政府决定倾注大规模兵力侵略中国，在经费上不得不采取非常措施。1937 年 7 月末的临时国会上追加了 5 亿日元的临时军费，9 月又追加了 20 亿日元，结果是这年的临时军费高达 25 亿日元，而 1937 年的国家总预算才 28 亿日元，全年度的预算几乎全部投到战争中。随着军用物资及国内生产生活需求的增加，日本政府担心经济通货膨胀的产生，决定实行全面的经济统制政策。在 1937 年 9 月的第 27 次会议上，制定了《临时资金调整法》、《关于进出口品等临时措置法》、《与〈军需工业动员法〉相适应的有关法律》等三个经济统制立法。

《临时资金调整法》是政府对企业长期资金融通进行审查、统制的一种立法。具体来说，是对国内产业按资金融资的优先顺序进行分类。军需产业居优先地位，其次是一些重工业，最后是限制设备扩大的纤维、造纸、商业等产业。也就是说，政府把资金优先给予军需产业，同时限制资金向非军需部门的流入，以最大程度满足筹备战时资金的需要。《关于进出口品等临时措置法》是对与进出口相关的物资需求进行统制的一部法律。可以通过省部命令、局长传达等方式，对与进出口相关的商品原材料的生产、加工、流通、保存、消费等进行全面的直接统制。至于《与〈军需工业动员法〉相适应的有关法律》，可以说是对1918年制定的《军需工业动员法》的一个补充，通过这个法律的制定，就把与军需相关的主要工厂纳入陆海军的管理之下。

在经济统制方面，另一个更重要的事实是1937年10月企划院的设立。在当时，内阁调查局改组，作为重要产业五年计划实施机关而设立的企划厅，在中日战争经济统制之际，与资源局合并成企划院。企划院的业务主要是制定重要经济政策及物资动员计划。

物资动员计划首先制定了1937年10月至12月的计划，之后又以每年为单位制定主要物资的需求供给预测，并根据预测制定出物资分配计划。像钢铁、棉花、石油等主要物资，全部作为物资计划的对象进行统一配给。配给统制自1938年6月开始得到强化，把钢铁制品和棉制品以及皮、橡胶、胶鞋、煤炭等相继纳入统制的对象。与此同时，对于统制商品还实行价格统制。5月到7月对棉丝、人造丝、纤维制品、皮革制品、冰、鸡蛋、雨伞、酱油等相继实施了价格统制。

1938年又制定了《国家总动员法》。[①] 通过以上法律及计划的制定和实施，日本政府的统制措施涉及经济的各个方面。

2. 战时产业组合

随着经济统制的强化，产业组织自身组织也得到强化。这一时期产业组合的发展经过了三个阶段：第一个阶段是继五年扩充计划之后的第二次产业组合扩充计划的实施；第二个阶段是随着物资动员计划的实施，生产资料配给统制、金融统制及农产品收购统制等统制经济下的产业组合组织的强化；第三个阶段是产业组合和农会合并而成为农业会。

1937年4月第32次全国产业组合大会制定了扩充三年计划纲要，达成目标如下：①扩大产业组合组织的整顿和全系统组织的综合运营。

① 是一种战时立法，是在战时委任政府很大范围统制权限的授权法，在劳务、资金、物资、物价、企业、动力、运输、贸易等社会及经济生活方面授予政府独裁权。因此，议会权力尽失，战争指导权完全掌握在军部及右翼势力的手里。昭和20年12月废除。

②发展城市产业组合。③彻底贯彻产业组合教育。④强化与各种团体的联系。

计划实施时，战争已经爆发，国民经济进入战时统制经济体制。通过“扩大产业组合组织的整顿和全系统组织的综合运营”实现对产业组合的组织化，实际上是以产业组合为媒介，把农业部门也纳入战时经济体制，从而为以后实施的粮食供出制度奠定基础。同时，通过“彻底贯彻产业组合教育”对农民大众彻底灌输了超国家主义意识。在具体的实施方面，为了扩大组织的整顿，特别是为把农民都纳入组织中来，对实行组合的产业给予积极的援助。另外，为了强化组合，事业系统机关与指导系统机关联合积极进行事业指导。比如，1938 年 8 至 9 月实施的《消除未设置产业组合村及未加入农林渔家运动》政策就是措施之一，在全国村镇还强行开展设立产业组合，让农、山、渔村居住者全部加入组合的运动。结果，该年末未设置产业组合的村镇仅剩二十几个，到 1939 年就完全消除了，组织成员数也得到飞跃性的增长。

另外，在实施物资动员计划时，农业部门指定产业组合为计划的执行组织。因此，不仅产业组合的事业量急速增长，而且在市场上也居独占地位（见表 1－11）。

表 1－11　昭和 11 年至昭和 17 年战时体制下产业组合数量的推移及事业变化

昭和年份	组合数（个）	组合成员（千人）	存款（千日元）	贷款（千日元）	贩卖（千日元）	购买（千日元）	利用（千日元）
12	14 512	6 206	1 730 247	1 105 443	59 880	55 271	12 540
13	15 328	6 766	2 179 895	1 085 496	746 536	434 584	15 444
14	15 232	7 194	3 015 097	1 111 043	1 109 722	645 815	18 505
15	15 101	7 709	4 170 196	1 144 195	1 897 076	982 134	24 586
16	14 724	7 949	5 188 215	1 204 603	2 424 456	1 046 279	27 563
17	14 212	7 877	6 950 439	1 291 926	2 539 390	1 067 493	30 423

由表 1－11 可以看出，昭和 13 年，由于开展取消未设置产业组合村镇运动，结果这一年全国的村镇几乎都设置了产业组合，使该年度产业组合的数目达到最大数值。之后，地方上进行产业组合整理合并而使组合数目有所减少，但组合成员数却在增长，自昭和 12 年至昭和 17 年，增加了 167 万余人。可见，这时的产业组合事实上已经把农家

全部纳入其组织之下。

再看购买和贩卖。从上表中可以看出，贩卖从昭和 13 年开始其营业额急速上升，昭和 13 年的营业额是 746 536 千日元，到昭和 14 年，达到 1 109 722 千日元，增加了 363 186 千日元。昭和 15 年是 18 亿多日元，昭和 16 年是 24 亿多日元，到昭和 17 年就已经达到 25 亿多日元，其增长速度可谓快速。与此相反，购买事业在昭和 12 年至昭和 15 年间虽有增长，但速度缓慢，到昭和 16 年至昭和 17 年间可以说几乎没有增长，两年的额度都是 10 亿多日元。

从表中的信用事业来看，存款金额自昭和 12 年以来急剧增长，每年几乎是以惊人速度在增长，而贷款数额增加有限，可以说是没有增长，昭和 12 年是 1 105 443 千日元，昭和 17 年是 1 291 926 千日元，仅增长了 186 483 千日元。结果，余额每年都迅速增长（见表 1－12），昭和 12 年余额占存款的 36.1%，到昭和 17 年余额占存款比率高达 81.4%。这些数据表明，产业组合对组合成员的贷款几乎停滞。

表 1－12 昭和 12 年至昭和 17 年统制经济下产业组合信用事业变化

昭和年份	存款（千日元）	贷款（千日元）	余额（千日元）	余额/存款
12	1 730 247	1 105 443	624 804	36.1%
13	2 179 895	1 085 496	1 094 399	50.2%
14	3 015 097	1 111 043	1 904 054	63.1%
15	4 170 196	1 144 195	3 026 001	72.5%
16	5 188 215	1 204 603	3 983 612	76.7%
17	6 950 439	1 291 926	5 658 513	81.4%

以上数据表明，这时期的产业组合已经由原来的经济组织变为农民资金的剥夺组织。贩卖额的增加说明产业组合几乎独占了农产品市场，成了国家农产品的供出组织，或者可以说成了为战争提供军需农用品的供出组织。购买额、信用事业贷款金额停滞不前，说明产业组合缩减了农用物资，农民的资金反流率降低，而信用事业的“剩余资金”经县信用联合会、地方银行等严密的资金统制组织之手转入了军需独占资本。

总之，这时期的产业组合作为国家统制组织，已成为在农业生产、流通的全过程当中吸收和剥夺农民资金而达到国家独占资本目的的代理机构。

二、农业会的成立及其性质特征和作用

这时期的农业经济团体有产业组合和农会。农会的产生也有一个历史过程，明治维新之后的政府为了推动国内资本主义的发展，在明治维新不久就推行“殖产兴业”，当时国内的主要经济来源支柱是农业，因而明治政府首先着手进行农业的振兴，推出了劝农政策，并派出使节团出使欧美学习欧美的制度，使节团归国后的1873年，明治政府就设立了担任执行劝农政策的内务省。另外，这个时期还创办了农业研究、教育机构，设立了内腾新宿试验场、三田育种场、札幌农学校、驹场农学校等进行农业技术研究及农业人才培养机构。

作为劝农政策的一环，除了办农校及试验场之外，自明治10年开始在全国各地形成农谈会、农事会、种子交换会等各种农业技术交流的组织活动。政府重新认识日本固有的农业耕作方式，于1881年在第2次国内劝农博览会召开之际，召集全国农业经验丰富的老农召开了全国农谈会。同年成立了日本最初的全国性中央农业大日本农会。明治32年政府颁布了《帝国农会法》。《帝国农会法》的颁布标志着之前存在的农谈会、农事会等自由的农业团体的法定化，而且对这些团体冠名为“农会”，行使政府农业政策的下属执行机关的职能。其主要事业有：与农事相关的各种指导、试验讲习及调查，肥料的合作购买及农产品贩卖的斡旋，病虫害的防治及农具改良等。另外，农会的初期事业还有劝诱和指导产业组合及农事组合组织的设立。

自战时统制经济强化以来，产业组合和农会等各种农业经济团体的并存，不可避免出现机能重复现象。这种经济团体的多元化不利于战时统制经济，于是政府部门开始酝酿农业团体的合并问题。1940年3月，根据农林大臣石黑忠笃的要求，帝国农会、产组中央会、全国购买贩卖组合联合会、帝国畜产会、全国养蚕业组合联合会、茶叶组合中央会议所、产业组合中央金库七个团体共同组成了“中央农业协力会”，并于该年5月举行结成仪式。该组织的目的是“为了谋求农业的综合性指导经营及发展，统一指导会员所从事的事业。同时，代表农业部门的意见，协助政府执行相关重要的农业政策等”。在“中央农业协力会”的推动下，进一步开展农业团体的合并活动。“中央农业协力

会”于1941年9月制定了《关于农业团体统制的事项》，主要内容是在中央建立并指导统制、经济、金融等三个团体，在地方上每个都道府县、市镇村为一个单位团体，部落农业团体以简易法人加入镇村农业团体等。众议院也提出了促进农业团体统合的建议。受“中央农业协力会”及众议院等活动的刺激，农林省于该年11月发表了《农林渔业团体统制要纲》，内容主要有：①整理合并帝国农会、产组中央会、全国购买贩卖组合联合会、帝国畜产会、全国养蚕业组合联合会、茶叶组合中央会议所、产业组合中央金库七个团体及其系统组织。②中央建立并指导统制、经济、金融三大团体，其中经济团体受指导统制团体的指导统制。③产业组合中央金库作为农林渔业的相互金融机关，改组为农林渔业中央金库。不过，它不受中央指导统制团体的指导统制。④在都道府县、市镇村设立单一的综合团体。⑤市镇村团体由部落团体及农业者组织而成。⑥都道府县团体在郡或特别的市区设立支部。⑦林业团体、渔业团体、马事团体另行考虑。

之后，太平洋战争爆发，此时出现团体之间意见不一致、农林省和内务省之间意见对立现象。内务省与农林省主要在三个方面意见不同：①部落团体能不能加入农业团体？②镇村长是否兼任镇村农业团体长？③地方厅是否对农业团体进行指导监督？这三个方面是内务省所主张的，而农林省对此持反对意见。针对这种状况，翼替政治会[①]对两省的意见进行协调，两省最终达成协议，政府的农业团体法案于1943年在第81次帝国议会上提出，3月1日设立，10日公布。根据《农业团体法》规定，在中央设立中央农业会和全国农业经济会，在地方上设立地方农业会，即在各都道府县设立都道府县农业会，镇村设立镇村农业会。《农业团体法》颁布的同年，9月27日，中央农业会设立，主要由帝国农会、产业组合中央会及其他产业组合全国团体、茶叶组合中央会议所、全国养蚕业组织联合会、畜产组合关系中央团体等合并而成。30日全国农业经济会成立，该年10月开始到1944年1月都道府县农业会设立。之后，到1944年3月底，市镇村农业会全部成立。

① 1942年5月结成的政治团体。在翼替选举之际，为了强化全国一致的政治体制，集结贵、众两院议员组织而成。目标是确立政治新体制。

据《农业团体法》法律条款规定，新产生的“地方农业会以顺应国策、图谋农业的整顿发展并且为了会员的农业及经济的发展从事必要的事业为目的；全国农业经济会的目的是顺应国策的需要，为了会员的事业进行必要的经济事业活动；中央农业会是以顺应国策、图谋农业的整顿发展为目的”。由此可以看出，农业会产生的目的都是为了“顺应国策”，而当时的国策是战时统制经济体制，一切都是为了战争需要，因而可以说这时产生的农业会是关于农业和农民的一个统制团体。

市镇村农业会的会员是当地的地主和农业经营者，包括只拥有土地但不进行农业耕作的人，而且合并成农业会的会员加入原则和产业组合的不一样，产业组合是加入、退出自由，农业会的会员却是强制加入，可以说农业会的会员制是完全继承了原来农会的制度。市镇村农业会是都道府县农业会的准会员，属于都道府县农业会且由都道府县农业会负责组织和设立。同样都道府县农业会是全国农业会的准会员且由中央农业会负责组织和设立。除了市镇村农业会加入全国农业会是自由加入外，其他的都是强制加入。日本政府通过“中央—都道府县—市镇村”这样一个三级组织的农业会体系，把农村经济完全掌握在自己手里。

关于农业会的职员任免，市镇村农业会和都道府县农业会设有会长、副会长、理事和监事（都道府县农业会为评议员）等职位，市镇村农业会的会长由地方长官针对总会推荐者征求市镇村长的意见任命，都道府县农业会的会长由地方长官推荐，主务大臣任命。中央农业会下设会长、副会长、理事、监事及评议员等职位，会长和副会长由总务大臣任命，理事和评议员由会长任命，只有监事可以通过选举产生。不管是中央农业会还是地方农业会，都可以说属于会长负责制，会长拥有很多裁决权，比如理事和评议员的任命及日常事务的管理等。

由以上可以看出，战时的农业会不管是从其领导体系的构成还是其组织会员的加入原则都违背了协同组合原则。另外，农业会的设立是由上级委派设立委员来设立。可以说这个时期的农业会完全是在上级指导下建立起来的，是无自主性的一个农业统制团体。

综上所述，《农业团体法》的制定，使以产业组合和农会两大农业团体为中心的农业团体得以合并，而新成立的农业会实现了包括佃农在内的全农民的组织化。另外，农会是拥有农业技术指导者、以生产指导为中心的农业团体，通过与农会的合并，增加了原来产业组合所不具备的营农指导事业。因而可以说，合并而成的农业会具备了组织上的网罗主义和事业上的综合主义，而这正是战后日本农协具有的主要特征，所以说战后农协的直接前身不是产业组合而是这时期的农业会。

总之，如果说江户时期的民间金融组织是日本农协的萌芽，那么现行日本综合农协的原型在1920年就已经基本形成。1920年的《产业组合法》改正中提出的“一镇村一组合”及“信用、贩卖、购买、利用四种事业兼营组合的普及”是其标志。之后在“昭和恐慌”时期推行的产组扩充运动以“未设置产组村镇的取消、全户加入、四种兼营”为主要支柱来开展，从外观上看，此时的产业组合的组织形态非常近似于当今农协。从大正末期到昭和初期，像产业组合中央金库、全国购买联合会、全国贩卖联合会这样的全国组织也得以成立，所谓的系统三阶段在此时期也得以整顿。战时统制经济体制下通过产业组合与农会的合并而成立的农业会，加上指导事业，可以说现行的综合农协的原型就基本完成了。

第二章　战后日本农协的设立及组织开展

二战结束后，为防止日本军国主义复活，以美国为主导的联合国军总司令部在日本进行了一系列民主化政策，其中在农村进行了土地改革，土地改革的结果使多数农民成了自耕农。由于当时日本整个国家经济萧条，人们生活贫困，为了防止自耕农再次沦为佃农，在联合国军总司令部的指示及日本政府认为有必要设立农村协作组织意识下，决定制定农协协同组合法，设立农业总协同组合。

第一节　战后日本农协产生的历史背景

二战结束后，日本宣布无条件投降。在经济上，受战争的影响，日本的经济急速衰退，人民生活极端贫困；在政治上，为了防止日本军国主义复活，根据《波茨坦公告》，在日本设立了联合国军总司令部，日本就处于联合国军总司令部的占领体制之下。

一、联合国军总司令部的民主化政策与战后日本农协的产生

日本战败后，在日本设立了联合国军总司令部。虽说是联合国军总司令部，但在占领军司令部（GHQ）中，盟军总司令（SCAP）以下的全体职员都是美国人，到 1945 年底止，对日占领政策也由美国政府单独决定。同年底，由苏、美、英三国外长会议决定，在华盛顿成立了由盟军 11 个国家代表组成远东委员会，作为决定对日占领政策的决策机关。这个机关的设立目的是制约联合国军最高司令官，但实际上这个远东委员会形同虚设。这个机关的主席都由美国代表所担任，而且在远东委员会上决定的政策，如果不经过美国政府，就不能下发给盟军总司令。另外，再加上美国政府还有权就日本的宪法进行修改及

处理其他重要问题等单独给盟军总司令下达指令，所以，远东委员会针对美国政府对日占领政策，就只能做一定程度的牵制，并不能改变美国对日单独占领的事实。另外，在东京成立了由美、英、苏、中四国代表组成的对日理事会，但这个对日理事会仅是作为盟军总司令的一个咨询机关而已。

1945 年 9 月 22 日美国发表的“美利坚合众国对日占领初期的基本政策”指出：“最高司令官为了圆满实现美国目的，通过包含天皇在内的日本政府机构及其附属机构来行使其权限，是利用日本现存的政府形式，并不是支持它。”可见，美国的对日占领政策是间接占领而不是直接占领。为了实现目的，以美国为指导的 GHQ 在日本实施了一系列的非军事化、民主化政策。在经济方面极其重要的措施主要有财阀解体、劳动三法的制定及农地改革。

之所以开展财阀解体和劳动三法制定等政策，是因为美国认为财阀的存在是日本军国主义复兴的保证。日本自战前以来，资本开始在生产、流通、信用等各个部门日趋集中，一些大企业在不少领域都具有较强的支配力，在此基础之上，以三井、三菱为首的财团，就掌握了工矿业、银行、流通等各个经济部门，构成了“产业帝国”，而且与政界、军界相勾结，具有较强的经济实力和很大的政治权力。这些资本家以极其低廉的薪金来役使毫无权利的劳动者，并与军部勾结，把廉价的商品拼命销往世界，侵略和威胁外国。因此，要想粉碎日本军国主义复兴的梦想，防止其死灰复燃，就必须破坏支持其发展的经济基础，于是就有了财阀解体及相关劳动政策等的实施。

在农业方面则进行农地改革。美国有其自己的考虑，当时日本的农村，农业生产力低下，是属于比较零散的农民经营耕作方式，农民极端贫困。原本生活贫苦的农民，又处于封建地主的严重剥削之下，导致一些佃户在农村生活不下去。这些在农业方面生存不下去的佃农要么转入城市，成为资本家以廉价薪金雇用的劳动者，受资本家的剥削；要么去当兵，是士兵的来源。在日本丧失了生存希望的这些人，反而更容易寄希望于国外侵略，他们是日本军国主义滋生的温床。为了使日本经济机构民主化及非军事化，改革地主制是极有必要的。通过农地改革，使地主制解体，农业劳动者的生活得到一定的改善，从而对铲除日本军国主义滋生的温床具有一定的作用。

1. 农地改革的过程

经过对以农林事务局为首的政府部门的调整，《农地改革纲要》在1945年11月22日的内阁议会上通过，主要内容如下：①不在村地主的所有租种耕地及在村地主的超出持有耕地限度5公顷的土地，强制其转让给佃农。②以1945年所产米价为基本换算单位，使地租货币化、固定化。③对土地的耕作权继续实行统制，耕作权的转移要经过市镇村的农地委员会的许可。④市镇村的农地委员会的委员由任命制改为公选制，以地主、自耕农、佃户各占5人的比例进行选举。

这次的改革方案针对旧的地主制度的解体还有很多不彻底性，比如就第一条主要内容来说，在农林省的方案内，对在村地主的土地持有限度为3公顷，但在内阁议会阶段提高到了5公顷，结果，作为强制转让对象的在村地主由100万户减少到10万户，转让地面积由130万公顷减少到90万公顷。而且，地主持有面积是按个人为单位计算而不是按家族计算，这样就容易造成地主把土地分散给子女或兄弟姐妹以逃脱土地被征收。

另外，关于农地委员会的构成也有问题。虽然委员由任命改为公选，但从委员各个阶层所占的比例来看，佃户委员只占三分之一，同样占三分之一的地主委员行使其影响力，让同样拥有土地的自耕农附和其决策，很容易就会使票数过半，所以占三分之一的佃户委员几乎形同虚设。

从以上情形来看，第一次的农地改革方案具有很大的不彻底性，也因此受到国内不少的批评，当然更重要的是当时GHQ对此案表明了不满，所以此法案除了地租的货币化和固定化这一项实施外，其他各项都没有施行。

1945年12月9日，GHQ对日本政府发布了《关于农地改革的备忘录》的指令，又称《农民解放令》。此指令的目的是，在一个几乎是总人口的一半都从事农耕的国家里，根绝长时间侵蚀农业结构的危害。这些危害如下：①过渡集中于农业的人口。日本几乎一半的农户耕种1.5英亩以下的土地。②对佃户极其不利的佃户制度的广泛存在。日本有四分之三以上的农民是佃农，每年收入的一半甚至一半以上用来支付地租。③与高利息相结合的农家负债所引起的残酷负担。④重工商、轻农业的政府财政政策。⑤政府无视农民利益，对农民及农业团体的官僚统制。只有根绝这些坏因素，日本农民才能获得根本解放。因此，联合军最高司令部命令日本政府务必在1946年3月15日之前向联合国军最高司令官提交农地改革计划，计划内容必须包括：①土地所有权从不在村地主向耕作者的转移。②以公正的价格从不耕作地主手中购买农地的相关规定。③根据佃户收入，以合适的年赋购买农地的规定。④为防止原是佃农农户再次沦为佃农的合理的保护规定。这些规定是：农民以合理的利率可以利用长期或短期的农业融资；为了保护农民免受加工业者和商业者的盘剥的手段；安定农产品价格的手段；对农民普及技术和知识的计划；摆脱非农民势力的支配，助长和奖励提高日本农民经济文化的农业协同组合运动。这些条文奠定了日本农协制度的基础。这些制度可以说是以保护战后自耕农为直接目的而诞生的，它们和《农地法》一起成了战后自耕农体制不可缺少的组成部分，而《农业协同组合法》则是战后自耕农体制的核心部分。

除上述计划之外，还要求日本政府提出为确保与农业对社会所作出的贡献相适合的国民所得相关的必要计划。在此基础上，1946年9月7日，以英国案为基础的第二次农地改革案包括《自耕农创设特别措施法案》、《农地调整法案改正案》，在第90次帝国会议上提出，同年10月21日公布该法案，其主要内容有：①不在村地主的全部耕地及在村地主的超出持有耕地最低限度（一公顷）外的耕地，在两年内政府强制收购。原则上是把这部分土地让渡给佃户，结果，约80%的地主土地变为自耕地，相关地主约百万人，相关佃户约四百万人。②市镇村农地委员会的构成为：佃户5人，地主3人，自耕农2人。与第一次改革相比，改变了不利于佃农的状况，且选举权由仅限于户主扩大到成年男女。

总之，与第一次改革相比，第二次农地改革方案在农地的收购、转卖及农地的租赁方面都明显不利于地主而有利于佃户。第一次改革时预计解放面积大约为90万公顷，第二次增加到200万公顷，是第一次的二倍以上。

2. 农地改革的结果及意义

在农地改革的过程中，不可避免地有一些地主通过不法途径销售土地，或通过更换土地的所有者来企图保留更多的土地，而且来自地主方面的反抗活动也不少。但总的来说，这次改革是极其迅速，相当彻底，到1949年9月，有187万公顷的耕地和24万公顷的牧野得到解放，约占总租用地的81%，残留的地主租用地仅占总耕地的9%。从农户方面来看，1947年的自耕农占36.5%，到1949年上升到57.7%，佃户由26.6%减少到7.9%。日本大部分的农户都变成了自耕农或近似于自耕农。1950年，自耕农达61.5%，而佃农仅占4.6%（见表2－1）。

表2－1　农地改革前后自耕农、佃农农户数变化情况

单位：千户

年份	总数	自耕农	自耕农兼佃农	佃农兼自耕农	佃农	其他
1940	5 299	1 638 (30.9%)	2 274 (42.9%)		1 387 (26.2%)	-
1946	5 469	1 782 (32.6%)	1 103 (20.2%)	1 051 (19.2%)	1 533 (28.0%)	-
1950	5 931	3 652 (61.5%)	1 569 (26.5%)	403 (6.8%)	271 (4.6%)	36 (0.6%)

从自耕地及佃租地的变化情况来看，如表2－2所示，1940年全国总面积是6 078千町[①]，自耕地占54.5%，是3 322千町；佃租地占45.5%，是2 767千町。在农协成立的前一年即1946年全国总面积为4 986千町，其中自耕地占56%，佃租地占44%，二者相差12个百分点。而到1950年，全国总面积是5 091千町，其中自耕地占91.8%，佃租地仅占8.2%，90%以上的土地都成了自耕地。

表2－2　自耕地、佃租地面积的变化情况

单位：千町

时　间	全　国			全府县		
	总面积	自耕地	佃租地	总面积	自耕地	佃租地
1940年12月	6 078	3 322 (54.5%)	2 767 (45.5%)	5 105	2 790 (54.7%)	2 315 (45.3%)
1946年4月	4 986	2 792 (56.0%)	2 194 (44.0%)	4 264	2 353 (55.2%)	1 911 (44.8%)
1950年2月	5 091	4 672 (91.8%)	2 194 (8.2%)	4 353	3 960 (91.0%)	393 (9.0%)

通过农地改革，封建地主经济的土地所有制解体，可以说这一点是农地改革的基本意义，也是当今学术界的一个共同认识。除此以外，

① 町，日本土地面积计量单位，1町约99.17公亩。

农地改革还具有以下积极意义：

首先，为农业生产力的发展开辟了道路。地主制的解体，使农民获得了自己的土地，提高了农业生产的积极性，从而为农业技术的改善、土地的改良提供了条件，带来了50年代中后期大米的连续丰收。其次，促进了农村的民主化。通过农地改革，打破了农村长久处于统制地位的家长制，有利于高教育水平、高质量的劳动力的形成，从而为重化工业熟练劳动力的形成提供了条件。

二、《农协法》是战后农协产生的法律基础

战后1945年开始的农地改革的结果，使将近200万公顷的土地无偿分配给了农民，从而解决了自1868年日本明治维新以来积压在日本农村的土地问题，大多数农民都拥有自己的土地，成了自耕农。但是战后日本经济萧条，通货膨胀严重，农民生活极端贫苦。导致农民生活贫困的主要原因是农民负担增大，如表2－3所示。

表2－3　农家诸税收负担变化情况（全府县平均每户）

单位：日元

年份	农家所得（a）	各种税收总计赋税（b）	详细内容				b/a
			国税	府县税	市镇村税	赋税	
1942	2 625	125	27 （21.6%）	8 （6.4%）	31 （24.8%）	60 （47.2%）	4.8%
1945	14 136	402	89 （22.1%）	13 （3.2%）	43 （10.7%）	257 （64.0%）	2.8%
1946	45 100	3 658	2 765 （75.6%）	162 （4.4%）	162 （4.4%）	569 （15.6%）	8.1%
1947	113 989	25 906	20 642 （79.7%）	603 （2.3%）	599 （2.3%）	4 063 （15.7%）	22.7%
1948	191 383	25 713	13 852 （53.8%）	3 232 （12.6%）	2 997 （11.7%）	5 632 （21.9%）	13.4%

从表2－3中可以看出，战后日本农民所负担的国家税增长显著，1945年农家赋税占收入的2.8%，到1946年，增长到8.1%，而到了1947年竟高达22.7%，农民负担的增加使农民生活极其困窘。

鉴于以上原因，为了保护农地改革的成果，防止农户两极分化及

自耕农再次沦为佃农，1947 年 10 月在日本新宪法《和平宪法》下的第一届国会上，正式通过了由美军起草的、以当时欧美诸国的合作经济制度为范本的《农业协同组合法》，即现在的《农协法》。《农协法》指出，农协的目的是促进农民合作组织的发展，谋求农业生产力及农民经济、社会地位的提高，以期发展整个国民经济。并且在此法律中认定“农业协同组合”是农民的协同组织，法律上说的“农民”是指“经营农业且又从事农业生产活动的个人”，另外又限定农业是指“耕作、蓄养、养蚕业务等方面”。

由生产农民组织起来的农业协同组合与战前的产业组合和战时的农业会有较多不同点（如表 2 -4 所示），其重点则是强调了此组织乃生产农民的团体且是自由设立的协同体。

表 2 -4　《农业协同组合法》与《农业团体法》及《产业组合法》的比较

	《农业协同组合法》（1947 年）	《农业团体法》（1948 年废除之时）	《产业组合法》（1940 年修改后）
目的	促进农民合作组织的发展，谋求农业生产力及农民经济、社会地位的提高，以期发展整个国民经济	谋求农业的整顿、发展，为会员的农业及经济的发展，从事必要的事业	谋求组合成员的产业及其经济的发展
种类	农业协同组合及其联合会	市镇村农业会、都道府县农业会、全国农业会	产业组合、产业组合联合会、产业组合中央会
事业	信用、贩卖、购买、利用、农村工业、农作业共同化、农地改良、农地管理、农业灾害共济、组合员的文化及生活的改善、团体协议缔结等	农业的指导、奖励、贩卖、购买、利用、调查研究、对行政厅的建议及报告，特别是设立统制规定，从事统制事业	信用、贩卖、购买、利用
地区		市镇村、都道府县、全国	
成员	农民	农业者、土地所有者	自然人等
出资	出资或非出资制	出资制，每股在 30 日元以内	出资制，每股在 50 日元，每人 30 股
责任	有限	有限	有限、无限、保证
加入退出	自由，但在退出时须提前 60 天通知	加入强制，“当然会员”不可退出	自由，但退出时须提前 6 个月通知

续表

	《农业协同组合法》(1947 年)	《农业团体法》(1948 年废除之时)	《产业组合法》(1940 年修改后)
职员	正式会员在大会上选出；理事 5 人（3/4 以上是正组合员），监事 2 人；任期一年；如果有 1/5 以上的正组合员要求，全体职员可以进行改选	从会员中选举，但设立特任理事一名；人数不限；理事任期 3 年，监事 2 年；由行政厅发出改选命令，总会没有职务的解任权	在大会上从组合员中选出；人数不限；理事 3 年，监事 1 年；总会 3/4 的决议，行政厅发出解任命令后解除职务
总会决议	决议权、选举权只有正组合员才能拥有，且是平等的	表决权是平等的，但在会议章程中令设有其他规定，且承认理事的裁决权限	表决权平等
分红	一般在 5% 以内，剩余的根据利用量进行分配	一般在 6% 以内	一般在 6% 以内，但章程允许到 10%
设立	农民 15 人以上为发起人，经过设立总会，向行政厅提出章程、事业计划，获得认可	获得 2/3 以上有资格者的同意，召开设立总会，获得行政厅的设立认可	7 人以上制作章程，向地方长官获得设立许可
政府监督	收取组合的业务及财务状况的报告；针对组合业务及会计检查，根据检查结果发出处置命令，解散违反事业目的的组合；根据 1/10 以上组合员的要求，取消决议或选举当选；取消违反公益的专属利用合同	发布报告的提出，调查等的命令；发布事业施行、会则等变更的命令；关于业务、会计等监督上的命令及处分；临时检查；理事不在时的事业掌管；发布不法总会决议、业务停止、解散等命令	进行事业、财产等报告的征收、检查、监督命令及处分；选出理事不在时的代理理事；发布组合经营恶化、不法行为等情况下的决议的取消、业务停止及解散命令等

从《农协法》的内容来看，主要有以下几点：①农协的正式组合成员限定为农民，拥有选举权和被选举权，除农民外的成员为准会员，不具有选举权和被选举权。②组合成员加入或退出自由。这点是与战时的农业会完全不同的。战时的农业会的成员“当然会员”是强制加入，而且是不能退出的。③强调了组合事业方面的广泛性和合作性。农协的事业包括信用、贩卖、购买、利用、农村工业、农作业共同化、农地改良、农地管理、农业灾害共济、组合成员的文化及生活的改善、团体协议缔结等方面。

总之，根据 1947 年制定的《农业协同组合法》，农协应具备以下条件：①必须是农民自己的组织，其活动不受外界（包括各级政府和各种经济团体）的干涉和支配；②非农民者只能作为农协的准成员参加农协的合作活动，非农民者没有选举与被选举权；②农民有权利选择并决定合作经济活动的内容和方式；④农协的组织制度和运营管理必须最充分地反映和代表参加者（农民）的全体利益。

三、农业会的解体及其整理过程

战后随着联合国军总司令部在日本施行的民主化政策的进展，日本政府考虑到解散战时支撑战时统制经济体制的农业会，建立一个新的农业团体组织的必要性。并且在联合国军总司令部下达的《关于农地改革的备忘录》中也明确要求日本政府必须提出“摆脱非农民势力的支配，助长并奖励帮助日本农民经济的、文化的农业协同组合运动计划”，《农协法》的立案工作也正式展开。1947 年 1 月 15 日，GHQ 天然资源局局长交给日本和田农业大臣的关于《农协法》制定的备忘录中明示了 GHQ 方关于农业会解体的发针，即“《农业团体法》的废除即新法案公布之日起的八个月内，对现存的农业会进行清算”。

1947 年 8 月 1 日，农林省在该日举行的关于《农协法》的新闻发布会上明确农业会解体方针如下：

“从今天的劳动农民的立场来看，农业会拥有许多缺点和不足，但是作为战时农业统制的中枢机关所发挥的作用是不可否定的。可是，众所周知，这些农业团体在法律上很难说它们是劳动农民自愿基础上产生的合作组织，其支配权为非农民势力所左右，即使在他们是以农民或农业之名义发言、从事业务之时，所获利益也多数归属于支配层。另外，现在的《农业团体法》在农业会的设立、管理、监督等许多方面欠缺民主主义的原则，再加上根据战时需要，农业会拥有极其显著的权力统制机关的色彩。因此，《农业团体法》是一部关于为了维护农村旧的支配关系的地主官僚机构的法律。像这样的《农业团体法》根据战后日本政治的需要及经济的变化，有必要从根本上对其进行变革。”

1947 年 12 月《农业协同组合法》公布的同时，也公布了《农业团体整理法》，农业会的整理也据此展开。根据此法律，首先废除了《农业团体法》、《蚕丝业组合法》，接着于 1947 年 12 月 15 日又规定现存的市镇村农业会、都道府县农业会、全国农业会、生丝出口组合、养蚕实行组合等在八个月之内解散，1948 年 8 月 14 日为法定解散日。

在《农业团体整理法》公布之前就开始对农业会进行再建整顿，到 1948 年 3 月基本完成了农业会再建整顿的最终处理，大体上整理了战时的不良资产。农业会的主要构成人员是农民，而这些农民的大多数都有加入新兴农协的可能性。另外，农业会解散后，如果停止其所经营的事业活动的话，在当时的经济形势下很有可能会导致农村混乱。出于以上考虑，对于农业会的那些资产，政府采取了由新生农协直接继承的方针。但是，因为农业会解散后的资产清算及农协资产继承手续需要极其复杂的技术，所以政府迟迟未能确定方针，直到1948年8月3日，终于发表了农业会整理标准即《市镇村农业会整理特别措施令》。根据《农业团体整理法》和《市镇村农业会整理特别措施令》，市镇村农业会的整理概要如下：

①关于财产借贷方面。以市镇村农业会的一部分会员为组合成员的农协，可以征求行政厅许可，在组合成员所持股份范围内要求分割农业会的财产。获得许可后，与成为农协组合成员的农业会的会员所持有的股份相应的农业会的财产就归农协所有。作为资产继承的过渡措施，农业会可以把其有形动产和不动产借给农协。借贷关系根据农协和农业会的协议而定，在协议未能达成的情况下，都道府县知事可以制定条件命令农业会借贷给农协。②农协继承农业会债务方面。农协继承农业会的债务情况下，针对对此持有异议的债权人，农业会必须偿还债务或者为了偿还债务把相当的财产委托给银行或信托公司。如果有必要的话，农业会也可以处理资产偿还债务。此种情况下，除去借贷给农协的财产外的剩余资产，通过竞标、拍卖或随意契约来进行处理，并用此货款来充当偿还债务的资金。③关于借贷给农协的财产，如果不经过以上措施的话，不能进行财产的估价、分割、让渡等处置。另外，对此资产进行处理时，必须经过农民占3/4以上的资产处理委员会的审议，再取得都道府县知事的认可后方可处理。

从以上措施内容可以看出，农协对于农业财产的继承不同于农业团体对产业组合的资产继承，农业会成立之时就是产业组合解散之时，其权利义务完全由农业会继承，甚至连解散即清算手续都不需要办理。农业会的解散是在法定解散日一齐进行清算，农协作为一个新的团体产生，只继承与原农业会成员所持有股份相当的财产。大多数基层综合农协都是在旧的市镇村农业会解散之时，以其大部分成员作为新兴农协的组合员而成立起来的，这也为后来对农协的批判埋下伏笔。

众多农业会被定于1948年2月14日之前召开解散准备会议，选任资产处理委员会委员，但实际上自1月下旬开始各个阶段的农业会就召开了解散准备大会，到截止日期之前，仅有3%的农业会没有召开解散大会。

综上所述，战后农地改革、农业会的解散及清算为日本农协的建立提供了前提条件，而《农业协同组合法》的颁布又为农协的成立奠定了法律基础。在此基础之上，日本农协在日本全国迅速发展起来。

第二节　农业协同组合的设立

伴随着《农协法》的实施及政府的大力宣传，农业会的解体和日本农协的设立同时展开。截至1950年3月，设立的出资农协数目达17 097个组合，其中89%的组合在1948年2月就已经设立起来了，可以说将近90%的农协是在《农协法》公布后仅一年时间内就设立起来了。在本节内容里，主要探讨一下农协设立的过程。

一、农业协同组合设立程序

农协的设立必须经过发起人、设立准备会、创立总会（农协的第一次全体会议）、获取认可、登记等几个程序。

所谓发起人，是指设立农协必需的人数。根据《农协法》，基层农协（即单位农协）需要15人以上的农民，联合会需要两个以上的组合为发起人，发起人必须事先制定一个关于组合事业、地区及组合成员资格的计划书，并且在召开设立准备会的前两周向社会公告设立组合的意向、召开设立准备会的日期及地点。

在设立准备会上，设立基层农协（单位农协）的情况下，从参加会议的农民里选出15人以上设立联合会，从参会的组合理事当中选出两人以上组成筹备委员会，主要负责起草农协或联合会章程。当章程的起草工作完成之后，发起人必须提前两周向社会公告召开设立总会的时间、地点。在农协设立总会即农协的第1次全体成员大会上，“主要讨论和审议由筹备委员会提交的农协章程和农协经营计划，选举第一届农协的领导班子。这里必须注意的是，在第一次全体成员大会上形成的决议和讨论结果，都必须在有半数以上的正式会员出席，并有

2/3 的与会者同意的情况下方为有效”①。发起人在第一次农协全体成员大会结束后必须立刻向行政厅递交农协章程及事业计划书，申请设立许可。行政厅收到设立申请，除非设立手续、章程及事业计划违反《农协法》外，必须给予认可，并且在自受理此申请之日起的两个月以内对发起人发出许可或不许可的通知。行政厅如果在两个月内没有发出通知，期满则自动认为获得许可。

在获得许可后，发起人要立刻把事务交给大会上选出的理事，理事接手事务后就开始征收入股资金，并向有关部门办理登记手续。当以上手续完成后，农协也就正式成立了。

二、基层农协的设立

《农协法》颁布后，农协的设立和农业会的解体是同时开展的，在农业会解散准备会结束的同时，农协特别是基层农协（单位农协）的设立运动也如火如荼开展起来（见表2－5）。

表2－5　截止于1948年3月20日农协设立情况

地区	市镇村数	设立总会结束的组合数	获得许可组合数	完成登记组合数	设立的养蚕业农协数	设立的畜产业农协数	设立的开拓农协数
北海道	275	330	87	1		2	100
青森	164	232	71	30	5	8	1
岩手	230	227	102	7	54	1	35
宫城	197	148	8			8	4
秋田	224	151	39		2	8	8
山形	225	59	10		4	2	79
福岛	392	134	9	2	1 000	27	11
茨城	369	125	9	21	10	1	3
枥木	177	40					17
群马	197	137	4		150	8	4
埼玉	311	231	13		200	3	
千叶	314	335	109	3	7	6	2
东京	91	24	3		2	2	
神奈川	126	100	9	1			
新泻	393	150	4			1	
富山	232	130					
石川	179	236	26		1	2	7

① 章政：《现代日本农团体》，中国农业出版社，1998年。

续表

地区	市镇村数	设立总会结束的组合数	获得许可组合数	完成登记组合数	设立的养蚕业农协数	设立的畜产业农协数	设立的开拓农协数
福井	174	167	32	13	3		1
山梨	197	80			19		
长野	382	321	64	1	26	6	
岐阜	324	102			9		2
静冈	281	83				1	1
爱知	222	150	32		14		2
三重	289	102	10		58	3	2
滋贺	168	176	9				8
京都	214	128	1		9	2	
大阪	167	212	24				
兵库	378	30					
奈良	143	32	2				
和歌山	204	103	2				
鸟取	170	181	67	3		2	1
岛根	249	223				12	
冈山	369	365	10	2			
广岛	347	152					
山口	169	153		4		2	20
德岛	133	124	12		61	4	12
香川	165	105	5		5		6
爱媛	238	199	93		14	49	
高知	166	156			2	2	2
福冈	314	86					
佐贺	122	114	14			2	1
长崎	105	124	5		1	2	32
熊本	323	320	100	30	770	19	10
大分	217	89	6	1	2	5	
宫崎	88	70				18	10
鹿儿岛	111	95	2			30	
合计	10 525	7 031（66.8%）	993（9.4%）	100（0.9%）	2 428（23.1%）	238（2.3%）	409（3.9%）

从上表中可以看出，从《农协法》的颁布到上表所示时间的几个月间，农协设立总会完成的农协数有 7 031 个，占 66.8%，取得认可数为 993 个，占 9.4%，注册完成的有 100 个，占 0.9%。另外，还有特殊的农协，即养蚕农协、畜产农协及开拓农协占总数的 29.3%。

三、联合会的设立

联合会的设立发展也比较迅速。1948 年 6 月仅有一个联合会设立，7 月末有 64 个，到 8 月末激增为 412 个，到 12 月份设立的联合会数有 802 个，其中的县级联合会占很大比重，8 月末是 252 个，9 月 15 日是 278 个。这 278 个联合会的详情如下：信用联、贩卖联、购买联各占 46 个，指导联 42 个（名称有指导、教育、教育信息、生产等各种各样），以上共计 180 个；以特定农业领域为对象的有畜产联 29 个，养蚕联 22 个，开拓联 10 个，其他园艺联等 8 个共计 69 个；以特殊事业为内容的有厚生联 20 个，运输联 4 个，农村工业联 2 个，土地改良联 2 个，保险联 1 个（北海道），共计 29 个。到 12 月末，信联、贩联、购联、指导联等四个联合会有 189 个，特定农业领域为对象的联合会有 122 个，特殊联合会有 39 个，共计 350 个。

全国联合会在 1948 年 8 月份到 12 月份的几个月内几乎都设立起来了。主要的全国联合会有：全国农村工业农协联合会、全国新闻情报农协联合会、全国贩卖农协联合会、全国购买农协联合会、全国养蚕贩卖农协联合会、全国指导农协联合会、全国开拓生产农协联合会、全国厚生文化农协联合会、日本文化厚生农协联合会、全国运输农协联合会、全国畜产贩卖农协联合会、日本水果贩卖农协联合会。

从以上所述可以看出，可以说在 1948 年的一年时间内就诞生了现代的日本农协。农协设立速度之所以如此之快，与 GHQ 及日本政府的宣传指导有很大的关系。GHQ 对农协的设立极其积极，而且把重点放在农业会势力的消除及对农民的宣传及普及方面。在《农协法》仍在审议之时，GHQ 的天然资源局就对日本农林省下达了《针对〈协同组合法〉施行的启蒙事业及行政要领》，主要内容有：“在《农协法》通过后立即进行启蒙运动；要简单说明组合成员的基本权力；《农协法》施行后要动员报纸、广播的宣传；《农协法》施行后的 60 天内分发通知召开解散准备总会的宣传品及在总会上需要的说明资料；等等”，这促进了农协的设立。

主要普及形式有分发宣传品，通过广播及报纸等媒体的宣传，举行讲习会等。其中最具代表性的宣传资料是 1948 年初大量分发的《为什么解散农业会，设立农协?》及《农业协同组合的种种》。这些资料主要是对农业会的批判，强调农民在农协的设立、加入、退出等方面非常自由的一面。比如在《农业协同组合的种种》中的第四条指出："要建立一个什么样的农协，由农民自己决定，不受地区及数量的限制。而且只要具备资格，就都可以自由加入两个以上的协同组合，如果想退出就可以自由退出。"关于联合会的设立，宣传"为了单个农协无法完成大项事业的进行，两个以上的农协联合而成的组合就是联合会。要建立一个什么样的联合会由想要设立联合会的农协而定，联合会的种类及数量不限"。另外，农林省还派遣职员到各都道府县开讲座，对象主要是包含地方事务所、农民组合、农业会及其他团体等在内的相关者，讲解农协普及主旨及《农协法》的说明等。

通过以上宣传，再加上农民本身对农业会的排斥、反抗，农协就在一年的时间内迅速产生了。从农业会的解体及新农协的整个设立过程来看，呈现以下几个特点：首先是设立的迅速性，几乎在一年的时间内就完成了设立。其次是政府领导下的设立。从《农协法》的制定，到农业会的解体及农协的成立，都是在政府指导和号召下进行的，农协的设立实际上是自上而下的设立即在政府领导下的设立。最后是农业会的解体和农协的设立具有同步性。农业会解体的同时，农协成立，而且农业会解体特别是事业的停止限定的时间比较短，况且在当时的经济条件下，又不允许信用事业及其他统制经济体制下的事业在农业会解体后出现事业上的空白。另外，农协的设立还采取了根据会员所持股份来分割农业会财产的方针，这种种原因促进了农协的设立及农户的加入。

第三节　农协的经营危机和再建整顿

一、道奇方针及农协的经营危机

农协成立后仅过了一年，经营陷入困境的农协就层出不穷。究其原因，主要是因为农协内部的管理体制还没有确立以及战后经济的变动。战后日本政府主要采用了以对大企业进行资金借贷为中心的经济再建政策，战败后的日本经济也主要是以这个政策为主导，但这个政策导致了严重的通货膨胀。在抑制日本经济通货膨胀的同时，为了把日本经济纳入美元圈并构建一个把日本作为亚洲反共堤防的经济基础，美国政府派底特律银行行长约瑟夫·道奇（J. M. Dodge）作为麦克阿瑟①的财政顾问并于1949年2月到任。在他的指导下，实施超均衡预算，决定了1美元等于360日元的单一汇率，废除复兴金融金库及政府补助金、偿还国债等抑制通货膨胀的政策。这种政策虽然抑制了通货膨胀，但也导致价格下跌、政府资金的撤回及沉重的赋税，使以国铁为首的一些公共业体、大企业资金短缺，失业者人数增加等。

农村所受的打击也比较大，农产品和购入品的价格出现逆转且价格差扩大。1949年农家经济收支恶化，根据农林省《农民经济调查》（如表2－6所示），1948年每户农民平均收入在221 864日元，扣除掉家计费用及所要缴纳的税务之后，余额为41 531日元，可以说农家收入还有节余。到1949年平均每户农家总收入是172 634日元，扣除掉家庭支出及所缴纳的税务后，所剩为－12 593日元，农家生活入不敷出，提取存款激增，购买力下降，农协经营也因此陷入困境。农协虽然从农业会继承了资产，但库存品、债权等不良资产比较多，而且在通货膨胀过程中积压了大量的购买未收资金及贩卖货款未能回收资金。另外，基层农协的经营者自身也存在一定的问题，经过战后农地改革，大多数农民都获得了土地而成为自耕农，而农协的经营者往往都是从这部分农民里选举出来的。他们一方面忙于自家农田的耕作，无暇顾及农协的经营；另一方面他们本身知识层次比较低，欠缺经营管理农协的能力。

表2－6　农民经济的收支状况变化（全府县，平均每户）

单位：日元

年份	耕作面积	农家所得					家计费	租税	收支差额
		农业收入	农业支出	农业所得	农外所得	合计			
1948	16.2反	241 486	45 633	195 853	26 011	221 864	144 448	35 885	41 531
1949	10.2反	167 604	43 504	124 100	48 534	172 634	157 795	27 432	－12 593
1950	10.3反	188 856	45 922	142 934	68 718	211 652	171 906	21 148	18 598

注：反，日本面积单位，1反约等于991.7平方米。

① 联合国军占领司令部最高长官。

以上种种因素导致了农协的经营恶化，据 1950 年的结算统计，15.4%的农协出现赤字，到第二年即 1951 年的结算统计，出现赤字组合上升到43.1%，存款止付的组合有 255 个，存款支付受限组合也达到799 个组合。

农协经营的恶化不可避免地带来联合会的经营不善，1949 年 42 个县购买联合会中有 40 个县联合会陷入赤字。当时的贩卖联合会由于主要依靠米麦的贩卖，虽然比购买联合会相对安定，但在该年度的 47 个县贩卖联合会中有 35 个陷入赤字，这种事业联合的经营危机进而又波及信用联合的经营，从而进一步波及全国购联、全贩联、农林中金等全国联合会。总之，这时期的农协经营危机实际上是整个农协系统的危机。

二、农协的再建整顿

如前所述，农协的经营危机不仅仅是因为道奇计划所带来的经济不景气，也有来自农协自身的特性，如“农协设立混乱、出资金额低下、组合继承农业会资产的不健全、经营者的不胜任、职员的协同组合理念不足”等方面。这种种原因与未等农协理念的普及、渗透，农协就一下子设立起来有很大关系。针对农协经营的危机，农协进行再整顿建设就提到了日程上来。

当时 GHQ 的指导再建理念是从自由的协同组合立场出发，排除政府干涉的自主再建方针，农协系统组织也曾走自主再建路线，提出出资增强运动、农村计划运动等策略。1950 年又设立农协经营对策协议会，谋求紧急对应策略，并通过了农业协同组合振兴刷新运动的决议。在贩卖事业方面实现农家适当的纯收入额，价格的季节变动调整，排除商业资本所带来的不正当利润，规定贩卖货款储蓄化。为达成这个目的，提出无条件委托贩卖、平均销售、共同计算的共贩三原则。

作为农协的再建对策，政府于 1950 年修改《农协法》，主要针对三点进行了修改：第一点是关于联合会的事业兼营问题；第二点是为健全农协经营，设定财务处理的标准；第三点是强化行政厅对农协的监督权。关于第一点，在以前的《农协法》里规定禁止信用联合会兼营其他事业，修改后又增加了指导联合会、事业联合会，允许贩卖联合会、购买联合会与其他事业合并组成经济联合会，但并没有承认全购联和全贩联的合并。关于第二点是指组合在财务处理上尽量制定一个处理标准，这就是《财务处理基准令》。关于第三点，强化行政厅对农协的监督权的修改，实际上是指制定行政厅对农协的常规例行检查规定。也就是说，行政厅对经营信用事业的农协、都道府县区域或超过此区域的单位农协及联合会的业务及财务状况每年必须进行一次常规检查，强化行政厅的监督权。这种做法实际上表明了政府对农协有了介入，使农协失去了自主性，在《农协法》理念上是个很重大的转变。

1951 年（昭和 26 年）制定了《农渔业协同组合再建整顿法》，主要内容是：①指定为对象的农林渔相关的经营不善组合及联合会针对债券、库存进行适当的估价，据此产生的损失计算入亏损资金内，在指定之日（1951 年 3 月末）做好计算表并制订再建整顿计划。②再建整顿规定在五年以内完成，实施组合在此期间把固定债权及库存品资本化，通过增资使自身资本超过固定资产和亏损金额的总额，并使财务状况达到财务处理基准令的要求。③针对再建整顿的实施，如有必要，行政厅可以给出建议，另外根据组合增资的成绩，国库给予奖励金。④完成再建整顿计划的组合，自再建整顿结束起的一年之后，把接受的奖励金及利息一起交付给政府。作为该法指定为整顿对象的农协，全国有 2 475 个组合，占农协总数的 18.8%，其在全国的分布状况如表 2－7 所示。

表 2－7　再建整顿农协组合的府县分布状况

地区	综合农协数（A）	再建农协数（B）	比率（B/A）	地区	综合农协数（A）	再建农协数（B）	比率（B/A）
北海道	337	73	21.6%	滋贺	118	15	7.9%
青森	338	84	24.8%	京都	242	38	15.7%
岩手	302	74	24.5%	大阪	235	58	24.6%
宫城	225	38	16.8%	兵库	395	54	13.6%
秋田	288	93	32.2%	奈良	161	16	9.9%
山形	253	75	29.6%	和歌山	237	25	10.5%
福岛	429	102	23.7%	鸟取	186	48	25.8%
茨城	631	44	6.9%	岛根	303	68	22.4%
枥木	202	26	12.8%	冈山	405	74	18.2%
群马	213	29	13.6%	广岛	450	47	10.4%
埼玉	387	55	14.2%	山口	246	43	17.4%
千叶	337	43	12.6%	德岛	174	61	35.0%

续表

地区	综合农协数（A）	再建农协数（B）	比率（B/A）	地区	综合农协数（A）	再建农协数（B）	比率（B/A）
东京	113	13	11.5%	香川	182	17	9.3%
神奈川	187	37	19.7%	爱媛	325	79	24.0%
山梨	233	41	17.5%	高知	220	66	30.0%
长野	418	75	17.9%	福冈	337	71	21.0%
新潟	476	52	10.9%	佐贺	133	35	26.3%
富山	260	24	9.2%	长崎	227	62	26.4%
石川	273	44	16.1%	熊本	416	103	24.7%
福井	183	63	37.0%	大分	298	135	45.3%
岐阜	350	49	14.0%	宫崎	113	51	45.1%
静冈	358	45	12.5%	鹿儿岛	214	61	28.5%
爱知	389	19	4.8%	总计	13 192	2 475	18.8%
三重	402	50	12.4%				

注：数据截止于昭和26年3月31日。

从表中可以看出，再建整顿组合所占比例较高的县有大分45.3%、宫崎45.1%、福井37.0%、德岛35.0%、秋田32.2%、高知30.0%、山形29.6%等。从整体上看，再建整顿所涉及范围比较广，遍布全国。

再建整顿组合于1951年开始召开再建整顿大会，制订再建整顿五年计划并付诸实施。指定再建之日时的2 475个农协组合，自己资本是13亿日元，而亏损资本是41亿日元，是自己资本的三倍以上。包含固定资产的自己资本不足额也高达60亿日元。但三年后的1953年末，约有47亿日元的增资，自己资本不足额也减少到11亿日元。另外，固定化债券及库存金额在指定之日是37亿日元，到1953年缩小到8亿日元，近80%的债券及库存资产得到整顿（见表2-8）。

表2-8　单位农协的再建整顿业绩

单位：百万日元

时间	指定日（1951年3月末）	1951年末	1952年末	1953年末
亏损金（a）	4 112	*4 112	*4 112	4 051
固定资产（b）	3 217	*3 217	*3 217	3 131
自己资本（c）	1 318	4 348	5 346	6 038
自己资本不足额（a+b-c）	6 011	2 981	1 983	1 144
固定化债券	2 768	1 744	1 147	685
固定化库存品	981	490	238	113

注：*号部分因数字不明，暂定为无变动。

作为再建整顿对象的农协，经过五年再建整顿，增加资本总额为174亿日元，其中政府的奖励金为30亿日元，其差额是144亿日元，也就是说有83%是农协组合成员自身所负担的。而且作为再建整顿对象的农协仅占18.6%，绝大多数农协得不到政府的奖励金，完全独自进行自身的整顿建设。但总的来说，到1953年末，农协的再建整顿进展的还是比较顺利的。

另外，关于联合会的再建整顿，主要因为联合会的资产状况不乐观，进展不如单位农协顺利。指定之日时的再建整顿联合会的数量为142个，这些联合会的自身资产是11亿日元，而亏损金则高达82亿日元，是自身资产的7倍以上，加上43亿的固定资产，联合会自身资本不足额实际上达到114亿日元（见表2-9）。照这种状态来看，要达到10倍以上的增资目标的话，从资金金额上来看就极其困难，况且当时作为联合会会员的出资单位，农协中的近20%都在进行自身的整顿建设，联合会的整顿建设之困难就可想而知了。

表2-9　指定之日时（1951年3月末）再建整顿联合会的财务状况

项目	金额（亿日元）
联合会数	142
亏损金（a）	82
固定资产（b）	43
自己资本（c）	11
自己资本不足额（a+b-c）	114
固定化债券	23
固定化库存品	15

联合会在指定之日（1951年3月末）时的自身资金不足额是98亿日元，固定化债券及库存品是30亿日元，到1953年末分别减少到28亿日元及9亿日元，从表面上来看联合会的再建整顿有所效果，但实际上增加的出资金大部分都是需要支付利息的“迂回资金”①，政府给的

① 因为事业联合会不能接受出资预约存款，单位农协向信用联合会存款，信用联合会再把这部分资金投资给事业联，这样的资金称为“迂回资金”。

奖励金几乎都被这部分资金给吸收了，因而联合会的增资并没有取得很好的效果。在现实情况及各方面的要求下，农林省修改了昭和7年以来的《农林中央金库特别融通及损失补偿法》，制定了进行130亿日元的长期低利息融资方案，并以农协资金困难及联合会事业体制整顿不完善等为由，于1953年8月公布了《农林渔业组合联合会整顿促进法》。该法案修正了原来以财务整顿为中心的做法，把整顿的重点放在事业体制的重建方面。之后，根据此法对全国联合会及都道府县联合会的经营进行再建整顿，主要方式是政府对联合会的亏损资金直接进行填补。

通过《农林渔业组合再建整顿法》和《农林渔业组合联合会整顿促进法》两个措施的实施和促进，农协的经营状况在1955年左右基本步入正常轨道。可以说在这个过程中，战后日本农协所具有的特征基本形成。

第一，综合农协主导地位确立。这里的综合农协是相对于专门农协来说的，是指除了经营信用事业外，还经营以贩卖、购买为主的其他事业，并且贩卖和购买事业所涉及的商品不限一两种农协。它继承了旧的农业会在各市镇村一村一组合且囊括全部农民的特性。在再建整顿事业及整顿促进事业进展过程中，这种农协及其系统组织作为再建整顿及整顿促进的主要对象，而以果树种植、畜产为中心的专门农协则被排除在外。结果是原本没有经济实力的专门农协处于隐形地位，而综合农协经过整顿促进则更加巩固了其在农村的主导地位。

第二，作为综合农协，事业的广泛性是其主要特征，但以信用事业为中心，突出贩卖、购买事业的架构更加巩固。信用事业对农协来说原本就比较容易，经过再建整顿更加得以建全。特别是粮食管理方面，农民的供出粮食货款直接进入农协的储蓄资金，促进了农协储蓄存款的增加及稳定化。另外，购买事业和贩卖事业原本就是农协的中心事业，通过再建整顿和整顿促进，放弃了一些不划算事业，其所占比重更大。购买事业所经营的商品侧重于米、麦，贩卖事业所经营的商品侧重于肥料。但是，在这个时期，米、麦是政府粮食管理制度的重点对象作物，因此，农协在当时只不过是发挥了作为政府收购单位的职能。

第三，以全国联合会、都道府县联合会为中心的农协系统三阶段组织得到强化。

综上所述，农协经过再建整顿，在1955年左右稳定了经营，同时也形成了一定的性格特征。在此之后，伴随着日本经济的高速增长、农村农业的变化，农协的现状已经不能适应新形势的需要，在组织体制、事业体制、经营管理体制等各个方面发生了很大的转变。

第三章　经济高速发展时期的日本农协（1955—1970）

1956年日本政府发表以刺激民间投资带动经济高速增长的《白皮书》。1960年日本政府又发表了旨在表明“已经不是战后初期”的《经济白皮书》，宣布日本经济已经从混乱期走了出来。池田内阁又提出了著名的《国民收入倍增计划》，日本经济自此进入了长达18年的经济高速发展时期。同时，为了缩短工农业的差别，提高农业生产效率，推动农业近代化，日本政府在农业方面又制定并实施了《农业基本法》，其内容主要是调整农业生产结构、进行农地调整及培育专业农户。这一时期农协各部门的事业则随着近代化农业政策的实施、农业及工业的发展得以飞速发展，开始了农协事业发展的“黄金时代”。另外，为了适应农业方面“规模扩大”政策，农协在组织上也进行了整顿，根据1961年颁布的《农协合并促进法》，开始着手进行农协的合并。

第一节　日本经济高速发展时期的农业近代化政策与日本农业

从20世纪50年代中期至70年代初期是日本战后经济高速发展时期。1956年日本政府发表了用以刺激民间投资从而带动经济高速增长的《白皮书》。1960年日本政府又发表了表明“已经不是战后初期”的《经济白皮书》，宣布了日本经济从混乱期走了出来。池田内阁又提出了著名的《国民收入倍增计划》，日本经济自此进入长达18年的经济高速发展时期。这一时期日本政府经济发展的重点在重化工业方面，为此陆续推出了一系列计划，如继《国民收入倍增计划》之后又推出《全国综合开发计划》、《新都市计划》、《经济社会发展计划》等。这期间随着工业的飞速发展，劳动力的需求也急速增加，这也就意味着对于从事农业劳动的人口来说，脱离农业工作进入非农业就业的机会也大大增加。因此这一时期的农业人口开始大量进入城市做工，农村从事农业生产的人口急剧减小。据农林省的农业统计调查显示，60 年代的农业就业者减少 429 万人，减少率高达 30%；基础农业从事者人数减少了 460 万人，减少率达到了 40% 左右。

一、日本经济高速发展时期的农业近代化政策

这一时期的主要农业政策是《农业基本法》。1961 年在国家的《国民收入倍增计划》基础上，日本政府制定了《农业基本法》（简称《农基法》），其目标是缩短农业和工业间收入差别，提高农业的生产效率，推动农业的近代化。具体的农业政策大致可以分成三个具体的方案：一是有选择性的扩大农业生产品种。随着日本经济的高速增长，日本国民的饮食结构发生了很大的变化，由单一化向复杂化和高级化转变。为此，日本政府就考虑把重点放在果树、奶酪等品种的生产上。其具体的做法是在各都道府县、市镇村等地方选择合适的地区进行分门别类的生产，走地区专业路线。二是农地的规划与改造。以土地的规模经营、导入机械化和农业生产基本设施配套为目的，进行农田规划建设，推进规模经营，提高农业劳动生产率，使其成为农户足以自立经营的产业。同时，加强生产基础设施建设。日本政府认为农业要实现现代化，就必须对农业生产设施进行建设。其具体的做法就是在全国农业地区内进行区域规划，修筑水渠，扩大耕地的区域规划，以水田为中心，每个区划扩大为 30 公亩，田间道路拓宽为 5 米以上，以方便大型农业机械进出农田进行工作，实现农业的机械化。三是积极扶持只从事农业经营的专业农户。当时，日本农户平均每户的耕地面积为 0. 8 公顷，日本政府认为这个规模太小，不利于机械化的推广，就考虑扩大土地耕作规模。《农基法》的实施，使农业生产结构调整取得了比较明显的成果：畜牧业和果蔬业比重增大，分别由 1960 年时的 17. 2%、13. 0% 增加到 1970 年时的 22. 6%、22. 7%；稻米的比重在同期内则由 49. 9% 下降为 38. 5%。1970 年在 1960 年基础上，畜牧业增加了 3. 69 倍，果树业增加了 5. 22 倍，蔬菜业增加了 4. 74 倍，而稻米只增加了 2. 15 倍，农业生产的多样性结构形成。但是由于政府过于担心

稻米供应不足，仍采取对新开垦地稻作生产实行奖励措施，结果造成1967年大米过剩危机。

如果说日本重工业的发展为农村劳动力进入工厂做工提供了机会，那么通过上面一系列的农政政策，日本农村劳动力离农就职或兼业成为可能。拓宽农业耕地区划，推动日本农业机械化，也使日本农业劳动生产效率大大提高，每1 000平方米的稻作平均劳动时间1955年是190个小时，1980年是64个小时，而到2000年只有34个小时。农业生产效率的提高，促使农村剩余劳动力开始进入城市从事非农业工作。日本政府认为农业经营规模小，不利于农业的快速发展，于是通过重点扶持只从事农业经营的专业农户而进一步扩大农业生产规模。但日本农业耕地面积有限，要想在有限的土地上进行规模扩大，只有促使更小规模的农户脱离农业生产。这种“离农政策”的实施，也促使了农户的减少。同时，由于日本工业向地方扩展，道路整顿等工业政策的实施，又给农民在家从事兼业工作提供了机会。他们利用农闲时间，不必脱离农业，就可以到附近的工厂做工。另外，农业机械化的发展，使农业劳动变得轻松，不用花费很大的力气就能够完成作业，这也为农村年轻人到城市工作提供条件。因而，农村农业劳动者老龄化、女性化趋势明显，结果造成了农村劳动力不足，农业劳动者后继乏人，农业生产受到很大影响。

通过这一时期经济的飞速发展，日本从发展中国家跃升为发达国家，挤进了世界经济大国的行列。这一时期的日本不仅在经济上取得了举世瞩目的成就，而且在政治上也取得了很大的发展。如在政治方面，1955年日本加入世界关贸总协定，1956年同苏联复交并加入联合国，1957年签署欧洲经济共同市场条约，1959年开始实施外贸自由化，1963年向关贸协定11国条约过渡，1964年举办东京奥运会、向世界货币基金8国条约过渡、加入世界经合组织（OECD），1970年举办世界博览会，1972年中日邦交正常化等，走向世界的国际化进展迅速，国际地位不断增强。

二、经济高度增长及基本农政法下的农业及农村变化

1955年以来以重化工业为主题的经济高速发展，致使日本在经济方面“以钢铁、机械、金属加工和石油化工为支柱的重化工业迅速发

展，使日本成为世界重化工业的中心之一；日本太平洋沿岸经济地带的形成，成为世界四个巨大经济带之一；1962 年第一座国产原子能发电站建成，1964 年东海道新干线通车，1965 年阪神高速公路开通，1968 年超高层建筑霞关大厦竣工；1969 年国民生产总值列世界第二位，成为仅次于美国的二号经济发达国”① 等，成就举世瞩目。随着日本经济的高速发展及农业现代化政策的实施，日本农业、农村、农民发生了很大的变化，主要表现为以下几个方面：第一，农民收入增加及兼业化的发展；第二，农业机械化的进展；第三，畜牧业、蔬菜、果树部门的发展。另外，还有化学肥料、农药使用量的增大，国民饮食结构的变化，等等。

（一）农民收入增加及兼业化的进展

1. 农民兼业化的发展

经济的发展特别是重工业的发展使劳动力的需求增大，另外，如前所述，日本政府为了发展工业，给工业提供劳动力，同时也为了改变农村农耕的零细化，扩大农业生产规模，在农村实施“小规模农户离农政策”，导致日本农村农业劳动力减少，兼业农户增加。1955 年至 1960 年的五年期间，农村人口减少了约 200 万人；1960 年至 1965 年的五年间，人数减少了 440 万人。农业就业人数在 1960 年至 1965 年也减少了约 300 万人。从表 3 - 1 可以看出，农家的兼业化现象越来越严重，1955 年至 1960 年专兼业构成变化不是太大，但其中的第一种兼业类型开始减少，第二种兼业由 1955 年的 27.4% 增加到 1960 年的 32.0%，增加比较明显。从 20 世纪 60 年代开始，专业农户急速减少，1960 年的专业农户数为 2 078 千户，1970 年减少到 845 千户，占总农户数的 15.6%，十年间的时间减少了约一半，到 1975 年专业农户数仅占总户数的 12.4%。相反，兼业农户激增，特别是第二种兼业增加倾向极其显著，1960 年第二种兼业占总农户数的 32.0%，到 1975 年一跃成为 62.1%，占总农户数的一半多。

① 陈忠暖，王力新：《高速经济增长时期日本政府的农业和农村对策》，《世界地理研究》，200 年第 2 期，第 67 - 72 页。

表3－1　日本专兼业农户数的变化情况

	时间	农家总数	专业农户	兼业		
				第一种	第二种	总数
实数（千户）	1955年2月	6 075	2 126	2 284	1 665	3 949
	1960年	6 057	2 078	2 037	1 942	3 979
	1965年	5 661	1 214	2 082	2 365	4 447
	1970年	5 402	845	1 814	2 743	4 557
	1975年	4 953	616	1 259	3 078	4 337
构成比	1955年2月		35.0%	37.6%	27.4%	65.0%
	1960年		34.3%	33.7%	32.0%	65.7%
	1965年		21.4%	36.8%	41.8%	78.6%
	1970年		15.6%	33.6%	50.8%	84.4%
	1975年		12.4%	25.4%	62.1%	87.6%

农家减少，兼业的增多，意味着农业劳动力的减少，从1947年开始农业劳动力就逐渐减少，1947年至1950年约50万人，1950年至1955年约120万人，从20世纪50年代中期以后，如表3－2所示，1955年至1960年的农业劳动力从1 489万人减少到1 312万人，约减少了177万人，减少率为11.9%，1960年至1965年农业劳动力人口从1 312万人减少到1 085万人，减少了约227万人，减少率为17.3%，不管从绝对数上还是从减少率上都高于1955年至1960年的数字，也就是说从减少率上来看，1960年至1965年的减少率高出1955年至1960年的减少率5.4个百分点。而1965年至1970年农业劳动人口的减少虽不及1960年至1965年，但也从1 085万人减少到927万人，减少了157.8万人，减少率为14.5%，也多于1955年至1960年的减少数。

农家劳动力的减少使农业就业劳动力比重下降，第二、三产业的就业劳动力所占比重增加，如表3－2所示，1955年至1970年的15年间，农业就业劳动力比重从37.9%降到17.8%。与此相比，第二产业的就业劳动力比重从23.5%增加到33.9%，第三产业的就业劳动力比重从35.5%增至46.7%，特别是第二产业制造业的劳动力比重增加显著，从1955年的17.6%增至1970年的25.8%。可见，农业劳动力是为日本经济的高速发展提供劳动力的主要源泉，其结果虽然促使了日本国民经济的发展，但农村劳动力的锐减，也造成了后来农村严重的

“过疏化”问题。

表3－2　不同产业就业者人数变化及所占比率

单位：千人

年份	1955	1960	1965	1970	1955	1960	1965	1970
总数	39 261	43 691	47 629	52 042				
第一产业	16 111	14 237	11 747	10 066	41.0%	32.6%	24.7%	19.3%
农业	14 890	13 121	10 852	9 274	37.9%	30.0%	22.8%	17.8%
林业狩猎业	519	439	264	220	1.3%	1.0%	0.6%	0.4%
渔业水产养殖业	702	676	631	572	1.8%	1.5%	1.3%	1.1%
第二产业	9220	12 764	15 201	17 651	23.5%	29.2%	31.9%	33.9%
矿业	535	537	342	216	1.4%	1.2%	0.7%	0.4%
建筑业	1 783	2 674	3 348	3 993	4.5%	6.1%	7.0%	7.7%
制造业	6 902	9 553	11 511	13 442	17.6%	21.9%	24.2%	25.8%
第三产业	13 928	16 682	20 662	24 309	35.5%	38.2%	43.3%	46.7%
批发业	5 473	6 920	8 586	10 014	13.9%	15.8%	18.0%	19.2%
金融保险不动产	623	783	1 161	1 383	1.6%	1.8%	2.4%	2.6%
运输通信业	1 819	2 241	2 866	3 239	4.6%	5.1%	6.0%	6.2%
水电煤气业	230	233	274	274	0.6%	0.5%	0.6%	0.5%
服务业	4 423	5 177	6 285	7 650	11.3%	11.8%	13.2%	14.7%
公务员	1 361	1 328	1 491	1 749	3.0%	3.0%	3.1%	3.3%

日本政府扩大农地规模政策的实施不仅造成了农村劳动力的大量流失，而且其“扩大农业耕地规模，培养专业农户”的目的也不能说已经达成。如表3－3所示，从表中可以看出，未满0.3公顷的农户数从1955年到1975年出现上下起伏，即1955年至1965年这个阶层的农户数有减少倾向，特别是1960年至1965年减少了1个百分点，但从1965年到1975年又增长了2.5个百分点。0.5～1.5公顷阶层的农户出现减少趋势，从1955年的50.6%减至1975年的44.9%，减少了5.7个百分点。2.0公顷以上的农户有所增长，从1955年的3.6%增至1975年的6.5%，看来政府的“扩大生产规模”的政策起到一定的效果，那就是2公顷以上的农户增加了，但是减少的并不是“规模较小的零细农户”，而是耕地面积在0.5～1.5公顷的中间阶层。由此可见，政府“扩大生产规模，促使耕地规模零细的农户离农”政策的实施，虽有一定的效果但并没有达到“扩大生产规模，促使耕地规模零细的农户离

农”的预期目的，反而造成了前面所说的兼业现象。

表 3-3　不同经营规模农民数的变化状况（都道府县）

年份	农家数（千户）					构成比				
	1955	1960	1965	1970	1975	1955	1960	1965	1970	1975
例外规定	10	17	11	15	11	0.2%	0.3%	0.2%	0.3%	0.2%
<0.3ha	1 268	1 266	1 131	1 106	1 119	21.8%	21.7%	20.7%	21.1%	23.2%
0.3ha-0.5ha	1 006	992	954	910	865	17.3%	17.0%	17.5%	17.4%	17.9%
0.5ha-1.0ha	1 955	1 907	1 762	1 619	1 436	33.7%	32.7%	32.2%	30.9%	29.8%
1.0ha-1.5ha	981	1 002	945	874	727	16.9%	17.2%	17.3%	16.6%	15.1%
1.5ha-2.0ha	376	404	407	407	349	6.5%	6.9%	7.4%	7.8%	7.2%
2.0ha-3.0ha	180	201	215	244	236	3.1%	3.5%	3.9%	4.7%	4.9%
>3.0ha	30	36	40	63	76	0.5%	0.6%	0.7%	1.2%	1.6%
合计	5 806	5 823	5 466	5 236	4 819					

注：①表中数据采用四舍五入后的数字，所以可能会出现各规模农家数的和与合计不相符合的情况。②ha，公顷。

2. 农民收入的增加及农业依赖度的下降

在经济高速发展的过程中，在政府财政、法制支持下的农村工业的发展、地方经济振兴、交通发达等因素造成的农民兼业化进展使农民收入增加，特别是农外收入增大，农业收入在农家收入中所占比重降低（见表 3-4）。

表 3-4　农民收入及其构成比变化

年份	农家收入（日元）			构成比	
	农外收入	农业收入	合计	农外收入	农业收入
1947	12 620	92 202	104 822	12.0%	88.0%
1960	194 821	212 982	407 803	47.8%	52.2%
1965	395 600	365 200	760 800	52.0%	48.0%
1970	903 400	486 900	1 380 300	64.7%	35.3%
1975	2 309 900	1 096 100	3 406 000	67.8%	32.2%

农民总收入从 1960 年 407 803 日元增加到 1975 年 3 406 000 日元，15 年间增加了 7.35 倍。其中农外收入增加迅速，1960 年 194 821 日元，在农家总收入中所占比重为 47.8%，1975 年农外收入是 2 309 900

日元，比1960年增加了10.9倍，在农家总收入中所占比重为67.8%。而农业收入在农家总收入中所占比重则从1947年的88.0%降至1975年的31.1%，农民生活对农业的依赖度急速下降。

（二）农业机械化的进展

生产工具是生产力中的一个重要因素，是衡量生产力发展水平的一个物质标志。日本农业生产工具历经人力耕作、畜力耕作和机械化耕作三个阶段。日本农业畜力耕作自江户时代开始普及，明治维新以后普及增加。20世纪40至50年代达到顶峰。比如，战后1946年水田的畜力耕作比率全国平均在74.8%左右，剩下的25.2%是人力耕作。50年代中期后，畜力耕作逐渐下滑进而被农用机械取代。

根据农用机械出现的种类，战后农用机械化的进展也可以分为三种趋势：第一个趋势是自战前就开始使用的动力脱粒机的普及。脱粒机的使用数量大约在40年代中期后开始急速增长，比如1945年全国有35万台，1950年83万台，1955年174万台，1960年246万台，其速度可以说成倍增长，到1965年达到了298万台的数量，之后转入缓慢增长。期间，电动机和发动机也几乎以与脱粒机相同的速度在增长。这些机械的普及率相当高，1967年平均每一百户有脱粒机63台，原动机60台（其中包括33台发动机）。第二个趋势是动力耕耘机、动力喷雾器的普及动向。这些农用机械在1950年仅有1.3万~1.6万台，从1960年开始迅速增长，1967年动力耕耘机、动力撒粉机分别达到300万台、90万台的水平，其中动力耕耘机每100户达到580台的普及数量。第三种趋势是以农用拖拉机、动力收割机、米麦干燥机等为首的各种收获机械的普及。这些机械在1960年都仅有2 000台~3 000台的数量，自1965年开始普及，1971年农用拖拉机达28万台、动力收割机60万台、干燥机164万台。

从以上三种趋势可以看出，日本农业机械化的真正开展可以说是自20世纪50年代后期开始的，60年代的耕耘机，70年代的收割机、插秧机、农用拖拉机、联合收割机等，70年代后期完成了稻作机械化体系。

可见，在日本农业近代化政策的促进下，为了提高农业生产力，缩小工农生产力差别，1960年以后的时期是开始积极引入农用机械的时期，因此农用机械的普及较为迅速，如表3-5所示，耕耘机和农用拖拉机的数量从1960年的514千台增至1965年的2 509千台，当时全国共有农户5 665千户，达到平均每两户就有一台耕耘机和农用拖拉机的程度。动力防除机的普及台数从1960年的305千台增至1965年的851千台，其中动力喷雾器从232千台增加到601千台，动力撒粉机从73千台增加到250千台，动力脱粒机从1960年的2 458千台增至1965年的3 048千台，都具有很高的普及率。为与日本经营规模相适应，这些农业机械特点是以小型化为主。

表3-5　主要农业机械的普及台数（都道府县）

单位：千台

时间	动力耕耘机和农用拖拉机			动力防除机			动力脱粒机
	步行型	驾驶型	小计	动力喷雾器	动力撒粉剂	小计	
1960.2	–	–	514	232	73	305	2 458
1965.12	2 490	19	2 509	601	250	851	3 048
1967.12	3 021	58	3 079	906	724	1 630	3 297
1968.12	3 030	124	3 154	1 041	898	1 939	–
1971.1	3 201	267	3 468	1 149	1 251	2 400	*84

注：*是指联合收割机的台数。

另外，这时期也是以农业结构改善事业为中心、提高农业劳动生长率为目标的大型机械化发展时期。1962年开展的土地改良、草地改良、米麦高度集中栽培等农业结构改善事业促使了大型农业机械的导入。引用的大型机械主要有农用拖拉机、联合收割机、大型送风式喷雾器及其他的病虫害防治机械、饲料作物收割机和谷物干燥机等，另外还导入了谷物共同干燥设备①和共同选果设施等大型的近代化设施。农林省还设置了农业机械化集落，针对农用拖拉机、联合收割机的普及情况进行调查，另外为推动技术研究，还致力于以大型机械为中心的技术体系的确立。

大型机械的代表农用驾驶型拖拉机的使用量上升比较迅速。1960年1 345台，1962年3 768台，1963年6 401台，1964年7 699台，到1965年达到11 238台，其增长速度可谓迅速（参见表3-6）。1965年

① 谷物共同干燥设备：共同进行干燥、脱壳、精选、装袋等农作业的设施，以迅速、省力为目的而建造，以市镇村、农协经营较多，为多数农户所利用。

的11 238台当中，从马力来看，9～14马力的占全体的29%、15～25马力的占40%、26～34马力的占5%、35～65马力的占26%，35马力以上的大型拖拉机的导入虽有具一定的比率，但绝大部分还是15马力以下的小型和15～35马力的中型拖拉机。另外，1965年12月拖拉机的普及台数是36 084台，其中16.7%是公有，即府县及市镇村所有，17.4%归农协所有，个人所有占54.1%，学校及其他占11.8%，个人所有的多以中、小型为主。

表3－6 农用驾驶型拖拉机导入台数的变化

单位：台

年份	导入台数	北海道	都道府县
1960	1 345	602	743
1961	2 437	1 125	1 312
1962	3 768	1 670	2 098
1963	6 401	2 811	3 490
1964	7 699	2 754	4 945
1965	11 238	3 149	8 089

联合收割机的导入是从20世纪60年代后期开始的，从其生产量来看（见表3－7），1965年17台，1966年9台，1967年1 269台，1968年1 478台，1969年39 224台，1970年是44 934台，其中1966年至1967年增加最多，增长率高达140%，之后到1970年的几年间也以14%～25%的速度增长。从其普及情况来看，1970年之前的情况不详，但根据1970年2月、1971年1月的统计数据来看，1970年2月为止的普及台数为45 448台，1971年1月为止的普及台数达84 190台。

另外，大型近代化设施也逐渐普及。到1965年12月为止，具有一天处理100草袋以上大米能力的共同干燥调整设施418所，共同选果设施3 108所（其中自动式1 370所、半自动式1 738所），固定病虫防治设施75 639所。

表3－7 1965年至1970年联合收割机的年产量变化

单位：台

时间	1965年	1966年	1967年	1968年	1969年	1970年
联合收割机	17	9	1 269	1 478	39 224	44 934

总之，这时期的农业机械化进展迅速，一方面是政府政策的促进，另一方面是农家收入增加，使有能力购买农业机械的农户增加。农业机械化的发展也使农业生产效率提高，使农业劳动变得省力、劳动时间变得缩短，同时也促使了农户兼业化的进展。

（三）蔬菜、果树、畜产的增加

战后由于日本人民饮食结构的变化，蔬菜、水果、肉类、奶类的食用量增加，日本政府为了适应市场的需要，在《农业基本法》中，提出了"选择性扩大"，来调节农业产业结构。政策实施的结果，蔬菜、水果及肥饲料作物的种植面积有所增加。

如表3－8所示，从1960年至1970年的十年间，在总种植面积减少的基础上，粮食作物种植面积所占比重，除稻类作物有所增长外，其他粮食作物的种植面积明显下降。具体地说，稻类总种植面积虽从1960年的3 308千公顷减至1970年的2 923千公顷，减少了385千公顷，但所占比重却是增加的，由1960年的40.9%增至1970年的46.3%，增加了5.4个百分点。而薯类、杂粮和豆类作物不管种植面积还是所占比重都处于减少状态，所占比重分别从1960年的6.6%、9.7%减至1970年的4.5%、5.9%。麦类种植面积减少显著，从1960年地18.8%减至1970年的7.7%，减少了11.1个百分点。与薯类、麦类、杂粮和豆类作物相反，蔬菜、果树、饲肥料作物的种植面积在总种植面积减少的前提下，仍呈上升趋势，其种植面积所占比重也逐年

表3－8　主要农作物种植面积及其所占比重

单位：千公顷

年份	1960	1970
稻类	3 308（40.9%）	2 923（46.3%）
麦类	1 520（18.8%）	483（7.7%）
薯类	534（6.6%）	282（4.5%）
杂粮和豆类	786（9.7%）	374（5.9%）
蔬菜	573（7.1%）	687（10.9%）
果树	251（3.1%）	416（6.6%）
工艺作物	427（5.3%）	256（4.1%）
饲肥料作物	506（6.2%）	736（11.7%）
桑	165（2.0%）	163（2.6%）

增长。其中，蔬菜种植面积从1960年的573千公顷增至1970年的687千公顷，增加了114千公顷，所占比重也从7.1%增至10.9%；果树种植面积从251千公顷增加稻416千公顷，所占比重从3.1%增至6.6%；肥饲料作物种植面积从506千公顷增至736千公顷，增加了230千公顷，所占比重从6.2%增至11.7%，增加了5.5个百分点，增加最多。

从主要农作物的生产量来看，如表3-9所示，米、蔬菜、水果的产量自1960年至1970年除米减少外，其他都有所增长，米的产量期间有所波动，1960年至1965年从1 286万吨减至1 241万吨，减少了45万吨，从1965年到1970年又从1 241万吨增至1 269万吨，增加了28万吨，但从整体上来看，这十年间米的产量是减少的。蔬菜、水果的生产量从1960年至1970年分别从1 174、331万吨增加到1 513、547万吨，蔬菜增加了339万吨，水果增加了216万吨。

表3-9　主要农产物的生产量变化

单位：万吨

年份	米	蔬菜	水果	肉类	牛奶
1960	1 286	1 174	331	58	194
1965	1 241	1 349	403	111	327
1970	1 269	1 513	547	170	479

畜产业也得到飞跃发展，从其产量来看（如表3-9所示），1960年的肉类产量是58万吨，1965年是111万吨，到1970年的产量为170万吨，比1960年增加了112万吨，产量增加了近两倍；牛奶的产量增加也比较迅速，1960年的牛奶产量是194万吨，1970年479万吨，增加了285万吨。

综上所述，经济的高速发展及《农基法》的实施，使农村、农业发生了很大的变化，具体表现在农户、农村劳动力的减少，兼业农户的增加，农业机械化的进展，农村产业结构的变化等各个方面。总的来说《农基法》的实施也取得了一定成果，比如“选择性扩大”政策的实施造成蔬菜、果树等农作物种植面积扩大，但培育自立经营农户、扩大农户经营规模的基本目的并没有达到。相反，在整个20世纪60年代，基本农田规划，农业机械的投入使用，使农户农业生产效率提高，农业劳动时间缩短，为农户兼业提供了条件；同时，随着日本经济的高速增长，道路整修，交通变得便利，使农户不必脱离农业进行通勤工作成为可能，再加上工业向地方上的发展更为农户兼业工作提供了机会，因而，农户兼业化现象进一步深化，农村的过疏化甚至废村现象的出现等使农业和农村社会受到巨大的冲击。

第二节　日本农协诸事业的高速发展及变化

自1955年起日本经济高速发展，同时日本农协事业也高速发展。如第二章中所述，在昭和20年代，日本农协自诞生起，农协事业就陷入经营危机，到了昭和30年代，随着日本经济的发展，日本农协也迎来了前所未有的繁荣。受经济发展直接或间接的影响，日本农协事业在各个领域都取得很大的发展。如表3－10所示：各事业的业务量都有很大的增长，其中信用事业的储蓄业务量增长比较显著，从1965年至1975年的十年间，存款余额从20 892亿日元增加到141 271亿日元，比1965年增加了6.76倍。

从这些储蓄款项的来源来看，款项中的农业收入所占比例逐渐下降，反之农外收入所占比例则逐渐上升。1965年储蓄款项中，农业收入所占比例为50.5%，农外收入所占比例为28.1%，农业收入部分所占的比例远远高于农外收入比例，但到1975年，储蓄款项中农业收入所占比例为39.7%，农外收入占40.8%，已经超过农业收入所占比例的1.1个百分点。这种变化与农协组织基础结构的变化（专业农民减少，兼业农民增多；农民农业收入减少，农外收入增加）有很大关系。

表3－10　农协各部门事业量的变化

单位：亿日元

年份		1955	1960	1965	1970	1975
存款余额		–	6 828	20 892	55 106	141 271
贷款余额		–	3 240	9 997	29 133	74 878
长期共济保有额		–	–	–	–	429 000
购买	生产资料	1 388	2 133	4 543	9 087	21 525
	生活资料	560	668	1 571	3 311	8 807
	小计	1948	2 801	6 114	12 398	30 332
贩卖		4 418	5 999	12 425	21 088	45 167

除信用事业外，其他事业也都呈不同程度的增长，那么，农协各主要事业增加率的变化情况如何呢？如表3－11所示：

表3－11　农协主要事业的增加率变化

年份	1956	1957	1958	1959	1960	1961	1962	1963	1964	1965
存款余额	18.7%	11.1%	15.0%	22.7%	22.2%	24.0%	23.9%	24.6%	27.2%	20.9%
贷款余额	11.6%	22.4%	13.6%	15.7%	21.9%	30.4%	22.5%	25.8%	24.3%	18.6%
购买品供应额	5.6%	12.6%	1.7%	6.4%	11.6%	23.2%	14.8%	17.2%	11.4%	18.2%
贩卖额	7.2%	10.0%	9.5%	13.6%	7.0%	17.7%	19.7%	8.6%	11.7%	21.3%
长期共济契约保有额	122.1%	96.7%	57.2%	59.6%	43.0%	29.9%	29.8%	30.0%	31.0%	29.9%

注：存款余额、贷款余额是各年度末与上一年的比率，共济是长期共济持有额与上一年的比率。

从表中可以看出，从1956年到1965年，农协在信用、购买、贩卖、共济等诸事业都取得了高速而稳定的发展。这种发展除了战后统制经济体制下的农业会之外，在产业组合的历史发展中是前所未有的。从总体上来看，农协此时期的发展呈以下两个特点：

第一，农协事业的发展可以分成昭和30年代前期（1956—1961）和后期（1961—1965）两个时期。进入昭和30年代后期（即1961年之后），除了共济事业（即保险事业）① 外，其他事业增长都呈较显著趋势，这时期受经济增长及日本政府农业近代化政策的影响，出现农业人口急速减少、农产品价格高涨、新生农产品激增等诸方面的变动，农协事业在此基础上也出现了增长和变化。

第二，各事业虽然都处于稳定增长状态，但事业间的增长呈不均衡性。首先共济事业作为新兴事业，在农协诸事业当中的增长率最高，在昭和30年代前期的增长率为40%～120%，即使在昭和30年代后期也保持在30%左右。其次是信用事业，这一时期信用事业的存款余额和贷款余额的增长率都保持在20%左右。购买事业和贩卖事业与前两者相比，事业额明显低于前两者，而且各年变动幅度也较大。总的来说，农协的共济和信用等金融事业的增长呈现较高的和稳定的增长率；购买和贩卖事业虽然也处于增长状态，但与共济和信用相比明显处于

① 共济事业是农协合作经济活动中相对较新的一种事业，起始于1948年，最先在北海道和长野县两个地区进行试点，取得一定经验后开始在全国进行普及和推广。1958年，全国46个县级行政区划单位建立了县级联合机构，即县级共济联。

劣势。

一、购买事业

随着经济的增长及日本政府农业近代化政策的实施，农民在农业生产方面，肥料、饲料、农药、农业机械等生产资料的使用增多；在生活方面，战后饮食结构的变化、收入的增加等使农民生活水平也有了很大的提高，因而生活用品的使用量也有所增长。作为农协会员的农民在生产生活方面的变化，也影响到农协购买资料量的增长和内部结构的变化。如表 3－12 所示：

表 3－12　农协购买事业变化情况

单位：百万日元

年份		1955	1965
生产资料	肥料	88 076（45.2%）	123 620（20.2%）
	饲料	16 079（8.3%）	148 435（24.3%）
	农用机械	9 000（4.6%）	60 507（9.9%）
	农药	9 290（4.8%）	38 230（6.3%）
	其他	16 391（8.4%）	83 510（13.6%）
	小计	138 836（71.3%）	454 302（74.3%）
生活资料	米	19 106（98%）	26 753（4.4%）
	其他食品	18 636（9.6%）	57 114（9.3%）
	衣料品	2 483（1.3%）	11 561（1.9%）
	耐久消费品	-	9 285（1.5%）
	其他	15 796（8.1%）	52 393（8.6%）
	小计	56 021（28.8%）	157 106（25.7%）

从表 3－12 中可以看出，从 1955 年到 1965 年的十年间，农协的总购买额从 1 949 亿日元增至 6 114 亿日元，增加了 3.1 倍。事业量扩大的同时，事业内部结构也出现了显著变化，从表中可以看出，居购买资料首位的肥料比重从 1955 年的 45.2% 降至 1965 年的 20.2%。与此相反，饲料比重从 1955 年的 8.3% 急速上升到 1965 年的 24.3%，取代肥料事业一跃位居农协购买资料之首。另外，农用机械、农药所占比重分别从 4.6%、4.8% 增至 1965 年的 9.9%、6.3%，生活资料中的耐久消费品、衣料品的增长也较明显。

这种购买资料品种类别的变化实际上说明了两种情况：第一，农协事业随着农业生产结构的变化而变化。经济的高度增长及日本政府为“提高农业生产率，缩小工农生产率差别”，推行农业近代化政策，使农业生产结构发生了变化，农业生产结构的变化使与农业生产密切相关的农协事业也不得不随之而变，饲料、农用机械、农药等事业的增长正表明了这一点。第二，随着农民生活的近代化及多样化，农协在生活资料的购买方面有扩大的动向。特别是家用电器等耐久消费品及衣料品所占比重增加正说明了农民生活水平的提高。总之，农协的购买事业不仅在量上而且在质上都发生了很大的变化。

从这个时期农户在生产资料方面对农协利用状况来看，从1955年开始，农户对生产资料中的肥料、农药的利用率呈上升趋势，到1957年农户对硫安、化合肥料及农药B. H. C. 粉的利用率趋于稳定，保持在80%～90%之间，利用率较高，而对新兴的农具资料的利用率虽呈上升趋势，但与肥料、农药相比则处于很低的状态，还不到30%。在生产资料、生活资料方面，农户对农协的具体的利用情况见表3－13。

表3－13　农户购买品的农协利用率

	年份	1960	1964
生产资料	肥料	74.1%	73.3%
	饲料	36.1%	37.3%
	农药	74.3%	67.1%
	农用机械	19.8%	28.4%
	其他	35.6%	49%
生活资料	食用品	11.5%	12.8%
	衣料品	2.3%	3.2%
	耐久消费品	–	5.6%
	其他	14.5%	29.4%

从表中看出，农户对于农协的利用率，除了农药外都极其低下。曾居农协购买资料首位的肥料，1964年的利用率在70%以上，在农协购买资料中仍居独占地位，与此相反，饲料不足40%，农用机械不足30%，二者的农协利用率都不过半。至于生活资料方面，农户的农协

利用率在10%左右，能与肥料的利用率相抗衡的就只有农药。由此来看，在购买资料中，大部分新品种现在还是从其他机构购买，农协占少数，与占系统农协统治地位的肥料相比，处于非常不安定的状态。

造成这种状态的原因有两个，第一，这些成长中的品种在参与农协购买事业时存在客观的困难。农协购买事业要想扩大业务量，对产品的规格、数量、安定化等具体条件的整顿是不可缺少的。化学肥料资本在战前就已经形成了强固的独占体系，政府在生产、价格方面具有直接或间接的强有力的统制。而饲料、农具、农药等品种小企业性格浓厚，不正当竞争的倾向极其严重，除一部分进口饲料和农药外，国家的统制几乎没有。总之，购买事业中的成长品种，虽说组合员的需求量增加了，但并没有完全具备与农协购买事业扩大相联系的条件。

第二，整个系统内部购买事业体制确立的迟缓对这种结果起了促进作用。可以说是整顿的影响。通过整顿，强调了系统全面利用、无条件委托、共同计算等所谓的供购三原则，为了与此原则相适应，系统内部的购买事业体制也随之制定。同样，以现金结算制度等为基础的手续费的计算也自上而下得到强有力的改进。但是，从系统购买事业的实际情况来看，这种事业体制只有针对肥料才发挥了一定的合理性，对饲料、农具、生活资料等强行推行这种事业体制的话，则具有很大的负面作用。

二、销售事业

随着经济的高速增长，农产品产量的提高及生产结构的变化，使农协的贩卖量也有了很大的增长。如表3－14所示：综合农协的销售总额从1955年的2 956亿日元增至1965年的7 348亿日元，增加到近2.5倍。不仅销售总额增加，其事业内容也有所变化。这十年间，大米、麦、杂粮和油菜等农作物所占的销售比重降低，其中，大米从1960年的67.1%减至1965年的59.1%、麦类从9.4%减至4.4%、杂粮和油菜从3.4%减至1.1%。与此相反，蔬菜和水果、畜产物所占比重明显增加，蔬菜和水果从1960年的4.2%增至1965年的11.5%、畜产物从1960年的2.4%增至1965年的13.8%，增加幅度较大。

表 3－14　农协销售事业的变化

单位：百万元

年份	1955		1960		1965	
米	295 619	67.1%	366 156	61.0%	734 825	59.1%
麦	41 442	9.4%	47 928	8.0%	54 931	4.4%
杂粮和油菜	14 957	3.4%	17 681	2.9%	16480	1.3%
薯类	12 500	2.8%	15 154	2.5%	28 644	2.3%
蚕茧	17 730	4.0%	25 050	4.2%	37 187	3.0%
蔬菜和水果	18 442	4.2%	45 753	7.6%	142 542	11.5%
草制品	4 258	1.0%	4 621	0.8%	3 291	0.3%
林产品	10 905	2.5%	10 971	1.8%	8 853	0.7%
畜产品	10459	2.4%	46 449	7.7%	171 697	13.8%
其他	15 456	3.5%	17 495	2.9%	44 044	3.5%
合计	441 768	100%	599 859	100%	242 497	100%

总之，战后随着经济的发展、农业生产结构的改变，农协贩卖事业的内容也发生了变化，在其事业内部结构中，新农产品的经营量增加显著，因销售米麦为主而被称作“米麦农协”的农协销售事业的体制逐渐发生变化。

从这时期的农户对农协销售事业的利用率来看，从 1955 年到 1965 年，利用率逐年提高，但就 1965 年的农户对农协的利用率情况来看，蔬菜在 30% ~50% 左右，水果在 40% ~60% 左右，畜产品在 30% ~40% 左右，这些农产品 60% 以上都是由农协以外的销售渠道所销售。与将近 100% 利用率的米麦相比较，这些新农产品的农协利用率是相当低的。

之所以会出现这种现象，与农协的购买事业一样，也具有两方面的因素。第一，成长农产品利用农协存在客观的困难。农民的农产品经由农协共同上市，其生产、流通过程必须在规格、数量、质量方面达到统一的水准。像蔬菜、水果这类作物在生产方面质量、规格统一，不易共同销售，在流通方面又没有相应的价格政策，因而市场比较混乱，不易于统一销售，再加上这些作物本身又具有易腐烂、不易储藏等自然特点，与稻米相比就不占优势了。也就是说，这些产品共同销售的前提条件还不是很完善，因而其利用率就不高。为提高这类产品的利用率，农协就必须在生产中注意产品质量、规格的统一，在流通过程中注意流通环境的改善。

第二，农协对客观形势反映的迟缓，特别是农协整顿的影响。农协整顿的过程在第二章已经叙述，其结果是以米麦为中心的事业体制的确立，主要是从系统上级机构的立场出发，使事业合理化。在整个整顿过程中，对许多收益不好的事业部门进行整顿、清理，一些成长农产品就被排除在事业之外。因而，这时期成长农产品的农协利用率低下与农协整顿有很大的关系。

三、信用事业

这时期的信用事业增长非常显著，从表 3－15 可以看出，1960 年的农协存款总额是 3 476 亿日元，1965 年增加到 23 337 亿日元，比 1955 年增加了 571.4%，同期的贷款金额从 1955 年的 1 720 亿日元增至 1965 年的 11 209 亿日元，增加了 551.4%。伴随着信用事业的存款、贷款金额的激增，资金的长期化、安定化倾向也比较显著，1955 年定期存款占总存款金额的 52.0%，到 1965 年所占比率提高到 67.0%，同样，长期贷款所占贷款总额的比率从 1955 年的 30.2% 增至 1965 年的 48.6%。可见，在全体经济高速增长直接或间接的影响下，农协整个金融体系得到飞跃的发展，而且资金明显趋于长期化、安定化。

表 3－15　农协信用事业的变化

单位：百万日元

年份	1955	1965	增减率
存款余额	347 603	2 333 732	571.4%
定期存款金额	166 929	769 465	361.0%
活期存款金额	180 674	1 564 267	765.8%
贷款余额	172 072	1 120 882	551.4%
短期贷款	120 082	576 558	380.1%
长期贷款	51 990	544 325	947.0%

在农协金融事业量增长的背后，其事业内部也发生潜在的质的变化。第一，农协资金的来源从以稻米货款为中心的农业收入转入农外收入。从 1965 年的农协存款资金来源看，土地费用、兼业收入等农外

收入的农协存款所占比率将近50%。农协金融事业存款来源的变化，不可避免地给农协事业体制带来一些影响。比如，农协为了吸收这些农外资金，一方面必须强化业务员制度、税务咨询等独立吸收存款体制，另一方面还要和信用金库、地方银行等其他金融机构展开激烈的竞争。可以说，农协金融事业的平民金融机构甚至储蓄金融机构色彩得以强化。

第二，贷款款项的明显变化。从表3－15中可以看出在农协的贷款款项中，长期贷款的比率激增，这类长期贷款可以分为两大种类，一是伴随着农业生产高度化和机械化的进展而产生的长期农业资金，这类资金多数是政府及地方公共团体所支持的制度资金。二是用于住宅新建、耐久消费品的购入、农外事业等的资金，这部分款项以普通形式贷出。

第三，因为剩余资金巨额化、全年化，所以组合金融易受一半金融市场变动的影响。比如说，1965年末的农协剩余资金中，现金151亿日元，系统存款12 672亿日元，系统外存款496亿日元，有价证券391亿日元，共计13 710亿日元。这些资金多数经由系统金融机构农林中金之手用于短期贷款、金融机构贷款、有价证券及相关产业的贷款，一旦一般金融市场有所变动，这部分资金就会受到严重影响。

总之，这时期农协的金融事业不仅在量上有大的发展，而且也越来越显示出其内部性质变化倾向，同时，等同于信用金库、信用组合等其他种类的金融机构的倾向也渐渐浓厚，可以说，农协金融事业量的扩大反而丧失了农协金融的本质。

四、保险事业

农协保险事业始于1948年，北海道共济联合会设立于1948年7月，全国共济联合会设立于1951年1月，到了经济高速发展时期，全国各府县陆续设立了联合会，完成了基层农协——共济联合会—全国共济联合会这样一个全国性的保险事业体制。随着农协保险事业体制的完善，其事业也取得很大发展，在农村的保险市场中立于不败之地。

从事业的普及状况来看，经营保险事业的农协所占比例逐年上升，1955年的11 716个农协中实施保险事业的组合有7 435个，占总数的63.5%，1965年7 320个农协中实施保险事业的组合有7 213个，普及率高达98.5%，几乎普及到全国的每个农协。

随着农协保险事业的普及及保险事业体制的完善，这时期的农协保险事业量也有飞跃性的提高。比如，就长期保险业务来看，1955年年末持有长期保险691 000份，1965年年末有10 687 000份，比1955年增长了近14.5倍。长期保险总金额从1955年的682亿日元增加到1965年的36 517亿日元，增加到近53倍，而到1970年长期保险金额是110 248亿日元，从1965年到1970年的5年间又增加了73 731亿日元。据全国共济联合会的调查显示，到1965年7月，农协在农村生命保险市场中的参险份数占38.7%，参险金额占44.4%，保险费占39.3%。

综上所述，在经济高度发展的历史背景下，日本农协的各事业得到高速发展。这种高速发展与日本政府实施的农业近代化政策密不可分。农业近代化政策以大型机械化、大型设施化为主线，通过肥料、农药、饲料的大量投入，改变了传统的农业耕作方式，出现了单作化及大量生产、大量销售的生产及销售模式，同时也促进了农业劳动力的流出和兼业化。从农协事业来看，以机械为首的生产资料的大需求量带来了购买事业的增长，同时也关联到销售事业的提升。大型机械、设施的引入及规模扩大所需资金的增加又推动农协信用事业的增长。自给经济的解体及农民生活方式的改变引起农协购买店铺的扩张，兼业、外出打工等造成的事故多发及对未来的不安使农协的保险事业得到增长。总之，农业的近代化可以说是与金钱相关的农业方式、生活方式的改变，农协作为供需的窗口而扩大了其各事业量。

另外，此时期的农协虽然各个事业领域在量上取得了很大的增长，但其事业内部结构方面仍存在一定的问题，如，农协销售事业方面存在的成长中的农产品的销售额、购买事业方面新兴生产资料的购买额所占比例低下问题，农协必须在农产品生产、流通等方面作出相应的举措，才能扩大这方面的事业量。

第三节　农协的合并

日本农协是在农业会解体的同时建立起来的，因而出现设立数量多、杂而乱等问题，如1950年1月1日全国市镇村共有1 443个，而综合农协数几乎达到农协所提倡的一村一组合的要求。因此，自农协的设立告一段落的1949年起，为了纠正农协“乱立”的运动开始在日本抬头，特别是伴随着该年度农协经营不善等问题，解决基层农协规模过小的问题也被提上了日程。于是，在1950年第三次全国农协代表大会上审议的《农协振兴刷新运动纲要》中提出通过合并欠缺经营条件的农协组合，巩固农协基础的宗旨。以此为开端，自1952年以后的每次全国农协大会都陆续对农协合并问题进行决议，为了整理“乱立”的基层农协，消除过小规模的组合，农协合并已经上升为全国性的问题。

一、《农协合并促进法》的制定经过

以整理“乱立”农协为目的的农协合并，在农协经营不善期，发展成对经营不好的过小规模农协的合并。在昭和30年（1955年）中期，以府县阶段的府县厅、县中央会为中心纷纷提出了应该对县内综合农协进行改革的方案，并向国家提出采取具体合并及援助措施的申请。

农林省在昭和31年（1956年）的《整持法》是促进农协合并的一条法案，自此之后虽然每年都针对农协合并问题进行讨论，但是并没有提出具体的措施，其理由是：第一点，像农协合并这种涉及农协组织基础的问题，鉴于农协的自主性特征，除非不通过合并农协就难于存续，否则行政厅将尽量不直接促进其合并。第二点，如果国家采取合并措施的话，应该选择希望进行大规模合并的时期，而当时时机尚未成熟。

可是，昭和35年（1960年）进行的组织整顿调查结果表明，从府县厅及县中央会的动向来看，全国范围内组合进行合并的意向比较明显，且农业的变化愈加激烈，估计此时如果不强化农协事业经营基础，农协就不能满足会员的需要。于是，就决定提出及制作农协合并促进法案及相关预算案。该法案于昭和36年（1961年）3月31日以法律第48号文件颁布，于第二年的4月1日实施。

二、《农协合并促进法》的内容

《农协合并促进法》制定的宗旨是为适应国内经济及农村社会经济

圈的显著变化，适当且有效地进行农协事业经营，农协有必要通过合并进行事业经营基础的强化及扩大。农协的合并原本是通过农协自主运动来实现的，但考虑到其困难性及紧迫性，国家将对农协合并及合并后组合事业经营基础的确立给予必要的援助，使合并得以更快、更广泛地进行。

《农协合并促进法》共由5条组成，第一条讲述了法律目的，其他四条讲国家的援助及农协接受援助的必备条件、手续等的相关法规，法案中并没有涉及具体的合并方法。

1. 合并经营计划的制订

根据该法案，需要合并的农协首先需制订合并计划，接着要获得知事的认定，然后国家根据取得认定的合并经营计划给予合并补助，也就是说计划的制订、认定是国家给予合并补助的条件。

规定制订合并计划的组合必须是有信用事业的组合或相关组合中经营信用事业组合，经营信用事业组合数将作为补助金预算时的基础。由此可以看出，根据该法案，合并助成的对象以综合农协为中心。其理由是：第一，综合农协除经营信用事业外还兼营其他各种事业，且管辖区内的几乎所有农民都是其会员，影响力大，可以说是农协组织的核心，那么综合农协的整顿强化对农协组织的整体强化也将产生很大的影响。另外，由于经营信用事业，农协法中的行政监督权比较大，政府便于把握，补助金的发放也比较方便。第二，从专门农协方面来看，专门农协在组织、事业及经营方面千差万别，决定补助对象的基准比较困难。另外，农协法采用的是任意设立主义，对于专门农协的设立、解散，行政厅很难加以规制。在以专门农协的合并为补助对象的情况下，不能防止合并后的同一地区再次设立同种类的专门农协或合并后的组合分裂回复原状等违反补助目的的事情发生。

合并经营计划必须以符合该法案为前提条件，由相关组合共同制订，且在各个组合半数以上组合员出席的总会上，获得三分之二以上的特别决议。

合并经营计划必须规定以下事项：①关于合并及合并后组合的事业经营基本方针的相关事项。②合并合同的基本事项。③合并后，为能够提高事业经营效率，进行必要设施统合整顿的相关事项。④强化合并后组合及组合员间的利用和合作的方略。⑤合并后组合（含合并日）的三个事业年度的事业计划。这些项目在合并时是必须进行讨论的内容。

2. 以《农协合并促进法》为基础的合并补助

合并经营计划在获得知事的认可后，国家根据认定后的合并经营计划给予合并补助。合并补助不仅仅是财务上的补助，还是以合并为基础的事业量的扩大。补助金包括设施整顿补助金、驻外指导费补助金及合并指导补助金。

设施整顿补助金是农协合并后的组合在设施改良、建造及获得的情况下所得的经费补助金，根据《农协合并促进法》施行令的第二条规定，合并后两年内，国库补助的金额在参加合并组合数乘以 10 万日元所得金额的范围内，补助率为三分之一；驻外指导费补助金是县中央会对合并后的组合派遣驻外指导员，对合并计划的实施进行指导所需经费给予的补助金，根据施行令的第二条规定，派遣员驻外期间，合并后一年内，补助金的金额为派遣月数乘以 7 500 日元所得的额度范围内，补助率为二分之一；合并指导补助金是都道府县对参加合并的组合实施进行指导所需的经费的补助金。

三、农协合并情况

在昭和 22 年（1947 年）施行的《农协法》的法律支持下，农协发展迅速，一年之间设立了 13 796 个组合，当时市镇村的数量大概有 1 万多，而在旧产业组合法基础下设立的农村部的“信用组合”最多也只有 13 258 个，基层农业会的最高峰是 10 721 个，在短短的时间内，综合农协的数量就超过了二者的最高数值。

可是，自成立之后，农协的数量就开始减少，到经济高速发展时期为止，农协的合并经历了两个阶段，一个阶段是 1960 年之前以经营不振组合对策为中心的农协合并，另一个阶段是 1961 年农协合并助成法成立以来的“行政主导型的农协合并”。从表 3－16 中可以看出，1950 年的综合农协的数量是 13 300 个，1955 年是 12 835 个，到 1960 年是 12 050 个，这个时期农协数量的减少是由以经营不振组合对策为中心的农协合并所引起的，1961 年《农协合并促进法》颁布，行政主导下的农协迅速合并，从 1960 年的 12 050 个组合减至 1965 年的 7 320 个组合，5 年间减少了近一半，而到 1970 年则减至 6 049 个组合，是

1960 年的一半。

表 3－16　综合农协数量的变化

单位：千人

年份		1950	1955	1960	1965	1970
综合农协数		13 300	12 835	12 050	7 320	6 049
正组合员数		6 445	6 246	5 780	5 837	5 889
准组合员数		568	680	756	953	1 387
组合员数合计		7 013	6 926	6 536	6 790	7 276
准组合员比率		8.1%	9.8%	11.6%	14.0%	19.1%
农家户数（千户）		6 176	6 043	6 057	5 665	5 342
综合农协干部人数		–	165	149	119	100
农协职员数		–	130	146	201	247
平均每个组合（人）	组合员数	527	540	542	928	1 203
	正组合员数	485	487	480	797	974
	干部数		12.9	12.4	16.3	16.6
	职员数		10.1	12.1	27.5	40.9

注：本数据除了“农家户数”是10份统计数值外，其他都是年度末的统计数据。

从组合员数来看，经过 20 世纪 60 年代的合并，组合员数量增长，其中准组合员的增长比较明显，所占比率从 1960 年的 11.6% 增至 1970 年的 19.1%。至于农协的职员数，从表中可以看出其数量也不断增长，1960 年平均每个组合有职员数 12.1 人，到 1970 年增加到 40.9 人，是 1960 年的 3 倍多。

总之，从整体情况来看，农协的合并取得很大的成功。实际上，《农协合并促进法》是与农业基本法相关的法律之一，在此法律基础上的农协合并促进了农业近代化。因为农协数量过多，规模过小，且多数经营不良，种种情况不利于其职能的发挥，为此，才制定了《农协合并促进法》来促使农协合并以扩大其规模。制定之初规定的时限是 5 年，到 1966 年 5 月又延长了 3 年，之后又陆续延长了几次。

农协的合并既有优点又有缺点，其好处是通过合并扩大了农协的规模，给财务的确立、经营的合理化、职员的充实、事业的扩充等方面提供了组织基础。另外，由于规模扩大，出现地区扩大造成的人的结合力的弱化、组合利用的不便、组合员民主管理组合困难等缺点。

第四章　经济稳步发展时期的日本农协（1970—1985）

由于1973年的石油危机，日本经济由高速发展阶段过渡到稳速发展阶段。由石油危机而造成石油产品的缺乏，使社会出现混乱，甚至影响到肥料、农药、园艺设施材料、农业机械等农业生产资料，致使此类产品的价格高涨。另外，在这次石油危机中，谷物产品也未能幸免于难，其价格急剧上升。社会环境的变化，影响到农协的经营和发展，此时期的农协各事业呈低速发展状态，个别事业的发展还呈停滞状态。

第一节　农业形势及农协的对策

一、农业基本政策的变化及农协的对应

根据20世纪60年代末"基本法农政"的实施情况、日本经济高速增长的需要，进入70年代以后，日本对农业和农村的发展主要采取了两大方面的对策。首先，"基本法农政"的农田规划改造事业受阻，60年代后期土地流动明显减慢，农业劳动力的外流速度从60年代前期每年6 016万人，下降至后期每年2 512万人，显然这样的发展既不利于全国工业化的飞速发展，也不利于农业本身的现代化改造。

基于以上状况，1970年政府出台了《综合农政的基本方针》。该方针的着重点在于强调发展现代化农业，主要内容包括三方面：一是在《农基法》的基础上，再次推进农地的规划与改造事业，进一步促进农地的流动和规模经营；二是面对大量兼业农户生产经营的实际状况，推行兼业农户农业经营的协作化，使农业生产要素合理流动、合理配置，提高农业生产质量和农业劳动生产率，既解决兼业农户农业经营

中的实际困难，又促进农业劳动力的溢出；三是针对60年代后期大米过剩的危机，实行大米减产的农业生产结构调整。

政府为了解决大米过剩问题，实施各种减耕措施（包括奖励制度）。所谓“减耕”是指通过人为地减少大米的生产规模，控制大米的生产量，以防止生产过剩所带来的米价下跌。日本政府对粮食生产减耕的全面开始是在1969年，1971年的“稻作减耕对策”、1976年的“水田综合利用对策”等就是该措施的一部分。

粮食生产减耕开始定的目标是：在1970年，从数量上减少150万吨，面积减少35万公顷以上，但是当减植政策执行完成后，大部分都道府县都超额完成了目标，其中北海道达到299%，青森达到231%，大大超过了既定目标。

稻米的生产调整政策得到彻底的贯彻实施且取得如此大的成效，农协的协作功不可没。其实，在减植政策的前期即“自主流通大米制度”开始时，农协以“动摇了粮食监管的根基”为由进行过明确的反对。后来，引发农协对日本政府减植政策进行协助的导火线的人是全国农协中央会的宫胁会长，他在出席1969年6月23日的自民党综合农政调查会时提议“全国一律减少一成种植面积”。在此提案之后，全国农协中央会召集农协联合会的会长提出“如果政府明示足以获得农业生产者的理解和合作的具体条件的话，将对生产调整政策的实施予以协助”，暗示了只要政府能明示实施生产调整政策的条件，农协就打算给予协助。另外1969年12月，都道府县中央会和联合会会长联合会议作出了“在坚持粮食管制的情况下，期待补偿金等诸条件的改善，且如果是在政府及行政机关（自治体）负责下开展，系统组织也将不遗余力地给予协助”的决议。最后，关于减植奖励金，农协要求每1 000平方米4万元，虽然实际只支付了3.5万元，但比大藏省规定的2.1万元已高出很多。

在“1 000平方米3.5万日元”补助的优惠政策的诱惑下，“减植政策”得到了农民的大力协助，这解除了实际执行中的忧患，最后超额完成了预定目标，大米过剩的粮食危机得到暂时的缓解。在这场减植政策运动中，农协的作用是不可估量的，因为市镇村等行政机构没有什么现场指导控制能力，所以制定下目标后的实际执行全部是由农协来完成的。

生产调整初期的结果对以后的政策产生了很大的影响。一方面是生产调整长期化，减植分配不均化。“生产调整”在以“水稻转换政策”，“水田综合政策”及“水田利用再编对策”等不断变换名称的情况下得到了进一步的加强，“水田利用再编对策”是利用减植政策的实际业绩向不同地区倾斜，北海道的减植率达到了36%，占到了全国总目标的1/4。另一方面是在农村现场农协的组织能力引起行政机关注意，这一时期“综合农政”及“地域农政”对农协的机能进行了活用。在1970年农业、农政的开展上，农协成了最主要的现场执行人。

二、石油危机和大米价格运动

以第4次中东战争为导火索，石油危机在全世界蔓延开来，1973年下半年原油价格涨了4倍，以石油及石油制品为开端，所有的商品大肆涨价，形成了“狂乱物价”。生活直接受影响的国民以加入工会的工人要求涨工资斗争开始，包括合作社的消费者运动高涨，可以说是开展了战败以来的生活防卫运动。

因为农村经济全部实行了机械化，石油危机导致了生产资料、生活资料等价格的全面暴涨，农民开始了以生活防卫为目的的大米价格运动。1973年的大米价格运动，从开始的请愿运动一下子变成了农民大众的大规模运动。中央对全国农协做出了“拒绝出货准备指令”，大多数大米主产地的农民都静坐在大米仓库前。在8月份政府决定米价之前，全国的农家都没有进行预约申请出货。迫于压力，该年度的大米定价比上一年度提高了15%，实现了1万元的米价。

但是接下来的通货膨胀，完全抵消了大米价格上涨的效果。第二年大米价格运动要求的大米价格比上一年又上涨了65%，从而运动更加高涨，继续前年的不出库运动，连续3次的不协助出库的压力，使大米审议会也做了大幅提高价格的承诺，1974年大米的价格为60公斤13 615日元，实际上以大幅提高32.2%而取得了胜利。

此后大米价格也会随物价小幅上涨，到1984年达到了60公斤18 668日元，大米价格最高的最高峰是在1979年。对于如此高涨的大众运动，系统内外的保守派不予支持。全中也在1979年的9月召开了“农协农政活动检讨特别委员会”，不仅对米价运动而且对农协的整个农政活动都进行了重新审视。

根据特别委员会的答复，全中在1975年发表的《农政活动体制整顿强化方针》中指出：农协农政活动必须作为农协协同活动的一部分来开展，要避免破坏组织或对农协经济活动有害的运动方针，妇女组织也必须在农协的统一领导下开展活动，并且明确表示对“动武”或青年部的“过激行为”要强行禁止。

自此，农协开展各种活动，但这些运动仅限于体制内的请愿活动。这样一来，农民本身产生了挫败感。另外，这一时期参与运动的人大部分是生于昭和初年的40多岁的精力极其充沛的人，农政活动从参与者方面来看也可以说是到了最后的高潮期。

关于20世纪70年代米价的问题，我们也可以站在消费者的角度来分析。此前，消费者仅仅是单纯地要求降低米价而参与运动，农协开展的“提高大米价格游行”和主妇们开展的“饭勺运动”在街头曾出现过相互敌对的局面。但70年代消费者的运动开始发生转变，消费者团体从小麦、大豆危机的经验中得知，注意力应放到提高粮食自给率和重建日本农业的课题上来。

总之，这时期的农协通过对经“减植政策”的条件斗争及其组织的“米价运动”显示了其“压力团体”的一面。

第二节　农协的各项事业变化

农协各项事业在这时期继续开展并有所拓展，另外一个新的变化是购买事业范围进一步扩大，事业重心从生产材料方面向生活物资方面变化。在1970年召开的第12次全国农协大会上，审议通过了“生活基本构想”，提出了消费者生活活动的活跃化、店铺的近代化及店铺的合作活动等“守护会员生活及健康的全方面对策”，从理念上支撑了农协“经济事业向生活方面的转换”。同年3月，全国购买农业协同组合联合会和全国销售农业协同组合联合会合并，成为全国农业协同组合事业联合会简称“全农”，“全农”的成立可以说为推动农协经济事业多方面开展的体制整顿作出了贡献。

一、农协各项事业的高速发展及变化

战后诞生的农协，在成立初期其经营事业极其微弱，因而出现农

协一产生就陷入经营危机之中，在历经20世纪50年代来的再建整顿及整顿促进之后，农协整体从危机中一跃而出，随时代的发展而进入60年代的经济高速发展时期，并在此时期各项事业都取得了飞跃性的发展。1960年到1985年农协事业的发展状况为：1960年到1970年（昭和35年至昭和45年）10年间农协事业呈直线状态发展（具体事业部门的发展状况在前面已有叙述，在此不再赘述）；从1970年到1980年（昭和45年至昭和55年），农协诸事业增长仍很迅速，但从1980年至1985年间的五年时间内，农协事业增长可以说除了保险事业外呈平衡发展状态。但总体上来说，这时期的农协诸事业在经济高速发展时期的高速增长基础之上又迈上一个台阶。

从总体上来说，此时期的农协事业呈高速发展状态，下面针对农协事业的具体变化进行分析。农协事业量的具体变化见表4－1。表4－1表示农协各个事业额的变化，从中可以看出：各事业当中，农协信用事业中的储蓄额的增长最为显著。从1965年到1975年的十年间，农协信用事业的储蓄额从20 892亿日元增至141 271亿日元，增加到6.76倍；从1975年到1985年间，从141 271亿日元增至370 834亿日元，增加到2.62倍。农协信用事业的借贷额增长也比较迅速，1965年至1975年间从9 997亿日元增至74 878亿日元，增加到7.5倍；1975年至1985年间从74 878亿日元增至122 892亿日元，增加到1.64倍，与同期储蓄量的增长情况相比较来看，在经济高速增长时期，农协信用事业中借贷额的增长量要高于储蓄额的增长量，到经济稳定发展的七八十年代，增长速度则不及储蓄事业。农协保险事业的长期保额持有额从1975年的429 000亿日元增至1985年的2 120 300亿日元，增加到4.94倍，是此时期农协事业中增长最快的部门。另外，农协的经济事业中的购买事业和销售事业也都有不同程度的增长，但相较农协的信用事业和保险事业的增长来看相对低下。

农协的各事业量在本时期虽然都仍处于缓慢增长状态，但是每年的增长率进入昭和50年代（1975年）后具有走低的倾向。如，农协信用事业的存款额的年增长率在昭和40年代（1965年至1975年）平均每年在20%以上，在昭和50年代的前半期（1975年至1980年）年增长率在10%以上，但进入50年代后半期（1980年）后，年增长率降到10%以下。更重要的是农协在个人存款中所占比率从1977年的14%

左右降到1987年的12%，与其他金融机关相比，农协的地位急速降低。

表4-1 农协各个事业部门事业量增长变化

年份	储蓄额（月末平均余额）	贷款额（月末平均余额）	长期保险额	购买额	销售额
1965	20 892	9 997		6 114	12 425
1970	55 106	29 133		12 398	21 088
1975	141 271	74 878	4 290	30 333	45 167
1976	164 425	82 385	5 639	33 710	48 791
1977	184 318	89 344	7 026	36 771	53 169
1978	205 741	92 542	8 643	37 702	55 282
1979	231 230	97 440	10 426	42 021	57 588
1980	254 376	106 362	12 211	47 004	55 009
1981	279 126	113 935	14 107	49 222	56 046
1982	304 198	117 653	15 986	49 806	58 139
1983	325 083	120 678	17 739	50 868	60 686
1985	370 834	122 892	21 203	52 279	66 961

材料来源：农林水产省《综合农协统计表》（1965年至1985年各年度）。

注：储蓄额、贷款额单位为亿日元，长期保险额单位为百亿日元，购买额、销售额单位为亿日元。

购买事业的供给额的增长也出现低迷，昭和60年（1985年）生产资料出现负增长，接着昭和61年（1986年）生活物资也转入负增长状态。销售事业着手生产调整的强化及持续冷灾害的影响，从昭和50年代（1975年）开始增长率降低的倾向比较明显，并于昭和61年（1986年）转入负增长，至此，农协的购买和销售事业的经营额都进入负增长状态。至于保险事业持续发展，弥补了农协信用事业收益的降低，提高了在农协经营中的地位，但是长期承保金额的增长率也渐渐走低，和生保、简保的增长率几乎处于同一水平。

二、农协经济事业范围扩大及事业重心的转移

随着环境的变化，日本农协的事业重心也开始出现变化，主要表现在经济事业中，从以农业生产为中心的事业向以农民生活为重心的事业转移。

首先，从1971年开始，农协开始开发农协标志商品①，1973年为了通过连锁化来推动其有利性的实现，结成了全国Acoop连锁店，1984

① 农协标志商品，是全农的商品开发部以“安全、健康”为基本理念，根据独自严格的商品质量标准开发的商品制作，它不仅考虑到商品添加物，而且还考虑到环境问题。这种安全品牌的商品，充分发挥了合作的优势，实现了价格方面的有利性，在日本全国有3 000以上的此种商品得到开发和使用。

年有 2 021 家店铺，年供给额达到 7 835 亿日元。从 1983 年开始，又开展了“全国 Acoop 连锁店第三次三年计划”。全国连锁加盟县从 1973 年的 4 个县 714 所店铺增加到 1976 年底的 21 县 1 595 所店铺，1982 年末，连锁省扩大到 39 县 2 035 所店铺。

其次，系统石油事业在这一时期得到急速增长。1970 年农协供油所有 1 854 所，1976 年农协供油所增至 3 418 所，几乎增加了一倍，1984 年又增至 5 588 所，增加了 2 倍。系统农协全国汽车经营事业始于 1967 年，初始年度经营台数大约是 37 000 台，随着农村汽车的普及集经营体制的整顿，进入 1975 年之后开始出现急速增长，1975 年 62 000 台，1980 年 10 万台，1982 年突破 100 万台大关。从 50 年代中期开始，有一部分农协开始经营天然气。1961 年普及到全国规模，60 年代中后期增长迅速。

由于农协事业的发展，经济联的经营品种也明显出现多元化。如表 4－2 所示：

表 4－2　农协经济事业长期发展变化

单位：十亿日元

年份			1960	1965	1970	1975	1980	1985
经济事业营业额	单协	购买事业总计	280	611	1 240	3 033	4 700	5 228
		生产资财 1	182	371	711	1 585	2 125	2 183
		生产资财 2	31	84	197	567	1 078	1 189
		生活物资	67	157	331	881	1 498	1 855
		销售事业合计	560	1 242	2 109	4 517	5 501	6 696
	经济连	购买事业合计	202	456	685	2 280	3 795	4 331
		生产资财 1	141	294	307	1 199	1 718	1 735
		生产资财 2	18	61	164	500	1 028	1 163
		生活物资	43	101	214	580	1 049	1 433
		销售事业合计	544	982	1 687	3 781	4 733	5 946
销售事所占比率		单协	66.7%	67.0%		63.0%	59.8%	53.9%
		经济联	73.0%	68.3%		71.1%	62.4%	55.5%
购买事业所占比率	单协	生产资财 1	64.9%	60.6%	57.4%	52.3%	45.2%	41.8%
		生产资财 2	11.2%	13.7%	15.9%	18.7%	22.9%	22.7%
		生活物资	23.8%	25.7%	26.7%	29.0%	31.9%	35.5%
	经济联	生产资财 1	69.8%	64.5%	44.9%	52.3%	45.2%	41.8%
		生产资财 2	8.8%	13.4%	23.9%	21.9%	27.1%	26.9%
		生活物资	21.4%	22.1%	31.2%	25.4%	27.6%	33.1%

注：生产资财 1 指的是饲料、肥料、农药、农业机械、包装搬运资财、保温资财等。生产资财 2 指的是石油类、汽车、建筑材料及其他，这类材料与其说是生产材料，不如说更近似于生活资料。

从表 4－2 中的数据可以看出比较显著的是农协的购买事业呈现急速增长状态，单协的购买事业经营额从 1970 年的 12 400 亿日元增至 1985 年的 52 280 亿日元，增加到 4.2 倍，经济联的事业额从 1970 年的 6 850 亿日元增至 1985 年的 43 310 亿日元，增加到 6.3 倍。销售事业额分别从 1970 年的 21 090 亿日元、16 870 亿日元增至 1985 年的 66 960 亿日元、59 460 亿日元，各增加到 3.2 和 3.5 倍，其事业量虽然也在增加，但增长速度明显比不上购买事业。因而销售事业在农协经济事业中所占比率单协从 1970 年的 63.0% 减至 1985 年的 56.2%，经济联从 1970 年的 71.1% 锐减至 1985 年的 57.9%。

在增长的农协购买事业中，生活物资及资财所占比重的增加呈明显趋势。在农林省所进行的《综合农协统计表》中，对购买事业中“生产资财”的调查以“生产资财 1”和“生产资财 2”加以区分，其中的“生产资财 1”是指饲料、肥料、农药、农业机械、包装搬运资财、保温资财等农业生产资料，而“生产资财 2”是指汽车、石油、天然气等具有很强生活资料特征的物品，这部分物资可以看作广义的“生活物资”，这样，农协经济事业“从生产方面向生活方面的转换”就极其明显了。比如：单协中广义的生活物资所占比率为 1960 年 35%、1965 年 39%、1970 年 42%、1975 年 47%，呈逐年上升趋势，到 1980 年 54%、1985 年 58%，超过购买事业额的一半以上。同期的生产资财 1 则从 1960 年的 64.9% 剧减至 1985 年的 41.8%。相对于单协，经济联的购买事业从生产资财方面向生活资财方面的转移要比单协进行得早，从上表中可以看出，经济联在 1960 年广义生活物资事业购买中占 30%，到 1970 年就达到 55%，占购买事业的一半以上。由此可见，日本农协经济事业是由经济联引领下的购买事业向生活方面的转换，即所谓的“经济联主导型生活事业的转换”，只不过单协的生活事业转换主要是以粮食等生活物资为中心，而经济联则是以石油、天然气、汽车等广义生活资财为中心。

综上所述，农协事业在 20 世纪 70 年代至 20 世纪 80 年代中期仍呈增长趋势，农协事业的增长与日本经济高速发展时期的农业近代化政策有密切的关系。农业近代化的实施推动了农业机械化，设施化的进展；促使了化学肥料、农药、饲料的大量投入，从而改变了原来传统的农作业耕作模式，推动了农业的大量生产、大量流通。在新的农业生产模式下，农协充分发挥其事业机能，通过大量农业生产资料的购买及农产品的共同销售，扩大其经济事业。但是，农业近代化及经济的高速发展，农家减少及农业种植规模扩大也随之进行，农民兼业化现象严重。于是，兼业收入及土地款成为信用事业及保险事业新的资金来源，从而也促使了农协信用事业及保险事业的急速扩大，起到通过弥补经济事业的迟钝发展来促使农协事业整体扩大的作用。

第三节　农协的组织与经营

一、农协的合并

自1961年的《农协合并促进法》的颁布开始，日本农协合并问题就一直持续着。战后日本农协建立之初，农协数目超过了13 000个组合，在经济高速增长期随着经济的发展及日本政府《农业基本法》政策的影响，农协也开始通过合并来扩大其规模。从表4－3中可以看出，农协数目从1960年的12 050个组合减少至1970年的6 049个组合，1960年至1970年的十年间农协数量的减少率为49.8%。

到经济稳速发展时期，农协继续合并，数量继续减少，但合并速度比经济高速发展时期稍慢，如1975年是4 803个组合，到1985年减少为4 267个组合，减少率是11.2%。与同期的大约3 200多个市镇村数相比较来看，在经济稳定发展时期基本实现了一个自治体一个农协体制的目标，基层农协也达到了一定的组织规模。同时，伴随着农协规模的扩大，农协职员数增多，事业量扩大，诸设施得到扩充，经营管理体制也得到强化。

就组合员的变化情况来看，组合员增长迅速，1960年至1970年农协组合员从6 536千人增加到7 276千人，增加了11.3%，1970年至1985年从7 276千人增加到8 068千人，增加了10.9%，平均每个组合的组合员数达1 891千人，是1955年540千人的33.5倍。另外组合员中变化比较明显的是准组合员所占比率的增加，从表中看出准组合员所占比率从1955年的9.8%上升到1985年的31.3%，增加了21.5个百分点。产生这种变化的原因主要是经济高速发展时期以重工业为中心的经济的高速发展，对劳动力的需求增加，再加上日本政府“离农”

政策的实施，使日本农户结构发生变化，农户减少，兼业人数增多，这种现象到20世纪90年代之后更加明显。

表4－3　1955年至1985年日本农协组织的变化情况

单位：千人

年份		1955	1960	1965	1970	1975	1980	1985
综合农协数		12 835	12 050	7 320	6 049	4 803	4 528	4 267
正组合员数		6 246	5 780	5 837	5 889	5 773	5 641	5 542
准组合员数		680	756	953	1 387	1 899	2 244	2 526
组合员数合计		6 926	6 536	6 790	7 276	7 672	7 885	8 068
准组合员比率		9.8%	11.6%	14.0%	19.1%	24.8%	28.5%	31.3%
农家户数（千户）		6 043	6 057	5 665	5 342	4 953	4 661	4 373
综合农协干部人数		165	149	119	100	85	81	77
农协职员数		130	146	201	247	271	286	297
平均每个组合（人）	组合员数	540	542	928	1 203	1 597	1 741	1 891
	正组合员数	487	480	797	974	1 202	1 246	1 299
	干部数	12.9	12.4	16.3	16.6	17.9	17.9	18.2
	职员数	10.1	12.1	27.5	40.9	56.5	63.2	69.6

就农协职员的变化情况来看，综合农协管部管理人数减少，但职员人数增加明显，从1955年的130千人增加到1985年的297千人，平均每个组合的职员人数从1955年的10.1人增至1985年的69.6人，增加了59人之多。

总之，通过农协的合并，农协的规模扩大，全国“巨大农协”出现不少。农协规模扩大增加了其市场竞争力的同时，也使事业管理费增加，加上农户结构及市场环境的变化造成的事业量的下滑，给农协的经营带来了很大的困难，20世纪80年代中期后此种现象比较明显，以至于90年代后开始通过减少职员数来降低经营成本以缓解经营的压力。

二、农协的经营状况

农协各事业领域增长变化的不同给农协各事业所占比例也带来一定的影响，如表4－4所示。

表 4-4　农协各事业总利益所占比例变化

单位：万日元

年份	信用	保险	购买	销售	仓库	加工利用	其他	平均每个组合的总事业利益
1955	23.0%	0.7%	34.2%	15.7%	12.3%	9.6%	4.4%	257.4
1960	30.3%	36%	35.6%	14.0%	9.9%	6.0%	0.6%	435.6
1965	40.1%	5.2%	34.4%	11.6%	5.2%	3.5%	↓0.1%	1 900.8
1970	43.6%	7.2%	31.6%	8.9%	5.8%	2.6%	0.2%	5 694.2
1975	40.4%	9.9%	35.2%	8.7%	2.0%	2.6%	1.2%	19 131.1
1980	39.4%	14.3%	32.9%	7.5%	2.5%	3.1%	0.4%	33 577.2
1981	39.6%	15.1%	32.3%	7.4%	1.9%	3.3%	0.3%	36 150.1
1982	41.6%	15.7%	30.3%	7.3%	1.5%	3.3%	0.2%	39 758.3
1983	43.1%	15.8%	29.2%	7.2%	1.2%	3.4%	0.1%	43 159.7
1985	43.2%	16.9%	28.2%	7.2%	1.2%	3.5%	–	48 057.5

注：农林水产省《综合农协统计表》(1985 年)。

从表中可以看出，农协的各事业总利益所占比率当中，自 1965 年以后，信用事业所占比率最高，且在 1965 年至 1975 年保持在 40% 左右，到 1981 年所占比率稍微回落，占 39.4%。但自此开始又逐渐呈上升趋势，到 1983 年又上升到 40% 以上。保险总利益在农协总事业利益中所占比率一直呈上升状态，其比重逐年上升。与信用事业和保险事业相反，销售事业的总利益自 1969 年“减反政策”实施以来下滑迅速，1965 年占 11.6% 的销售事业总利润到 1970 年减少至 8.9%，下滑一个台阶，之后仍呈持续下降趋势。购买事业总利润所占比率自 1955 年以来一直在 30% 以上，到 80 年代开始呈下降趋势，到 1985 年其事业总利润从以前的 30% 以上下滑到 28.9%。总之，从整体上来看，此时期的农协经济事业总利益和仓库事业总利益所占比率低下，而信用和保险两事业总利益所占比率上升。

表 4-5 是 1970 年至 1990 年平均每个农协各事业部门纯损益变化表。从表中可以看出，除信用和保险两个部门是盈利外，其他事业部门都亏损，总的来看是赤字状态。实际上，据《农业协同组合经营分析调查报告书》显示，自农协产生以来，除 1949 年和 1957 年两次出现赤字外，其他年份都超过上年度呈盈利状态。由此可以看出，信用事业的收益填补了其他部门的亏损，反映出了农协的“信用事业依赖型”经营结构，也就是说农协是依赖于信用事业才得以存续和发展，没有

信用事业农协的经营就很难维持下去。

表4-5　1970年至1990年农协各事业部门纯损益变化表（平均每个农协组合）

单位：千日元

年份	1970	1975	1980	1985	1990
信用	20 496	54 484	65 879	101 687	120 753
保险	2 611	9 174	37 595	58 941	88 240
购买	↓3 321	↓4 321	↓13 259	↓23 746	↓36 130
销售	↓2 940	↓9 413	↓14 030	↓13 025	↓22 398
仓库	↓594	↓3 955	↓4 896	↓7 058	↓8 093
加工利用	↓1 429	↓4 854	↓9 100	↓10 872	↓12 932
其他	↓4 079	↓8 888	↓7 519	↓5 415	↓6 549
合计	10 744	29 710	54 671	100 509	116 575

另外一点值得注意的是农协保险部门收益的增长比较明显。1970年农协保险部门的纯收益是2 611千日元，1980年是37 595千日元，增加到14.4倍，1980年至1990年从37 595千日元增加到88 240千日元，增加了134.7%。1990年以后，受金融系统改革及金融业规制缓和的影响，农协信用事业收益低下极其明显，因此出现了原来的“信用、共济依赖体制”向“共济依赖体制”转化。

第四节　地区农业的发展及农协的作用

一、“减耕政策”下生产力的发展

1. 地区农业发展的原因

在日本经济低速发展情况下，虽然“减反政策”仍在继续强化，但从总体上来看仍然可见日本农业生产力的发展。受石油危机所引起的物价高涨的影响，生产额出现增长，但从物价指数所调整的数值来看，此时期的农业生产净收入仍然有所增长。此种倾向一直持续到第二次石油危机，大概到1985年左右又开始增加，只不过其增长情况因地区不同而有所不同，如从南关东到北九州涉及太平洋带状地带及单季稻产区的北陆地区，农业生产出现负增长。与此相反，北海道、东北、北关东、东山、四国、南九州等农业地带呈显著增长，因而，总体上看农业生产呈增长状态。

在主要农作物稻米的生产量下降及价格下跌的情况下，农业生产之所以仍处于正增长，是因为除稻米以外的蔬菜、水果及畜产产量的增长。农业生产出现净增的第一个主要原因是自经济高速增长以来城市的膨胀使消费人口增加，从而提升了粮食需求量。从消费结构来看，日本饮食的西洋化倾向告一段落，日本型的饮食生活模式固定下来，形成了蔬菜、水果及畜产物的需求稳定量。

第二个原因是日本的农业政策方面。在农业政策上继承基本农政法政策，在贸易政策方面虽然仍存在牛肉及桔子的贸易自由化问题，但此时期仍有许多非自由贸易品种，国内农业保护措施仍在发挥作用。可以说这些都是日本农业生存力发展的基础条件。

第三，从农协方面来看，如第三节所述，此时期由于农协事业的扩大及合并，农协规模出现一定程度的扩大，平均每个农协的职员数也增多。农协为了自身作为地区农业经营主体活动的需要创造出一些条件。虽然农协到经营体的确立，不乏自身“经营主义”之目的，但从另一方面来看，农协在地区农业发挥其能动作用，在提高农业生产力、改善会员农业经营及生活方面发挥了作用。因此，此时期地区农业的发展，农协的积极贡献是不可忽视的。

2. 复合型及集约型的农业经营的进展

在经济高速发展时期，日本农业生产显示出很大提高，这主要是由于稻作的扩大及米价上涨，从农业经营结构来看具有稻作的单季化之弊端。在接下来的低成长期，由于“稻米的过剩”，日本政府通过减少稻米耕作面积来调整农业生产结构，而同期蔬菜、水果及畜产部门扩大弥补了稻作的缩小，而且其各生产部门出现经营内部的部门结合，复合型经营的普及得到发展。

农业生产经营的复合化及集约化的进展，从统计上单位面积农业生产所得的提高就可以看出。除冲绳外的46个县中，有28个道县是上升的。关于畜产型的发展，畜产和耕种在经营和区域上分离，走专业化倾向的地区，如北海道。其他一些地区大都是以稻作、畜产、蔬菜、水果等生产部门内部结合的复合化倾向为主流。

关于集约化的动向特别值得注意的是园艺生产基地在全国的形成。自经济高速发展以来，随着商品流通的近代化及交通体系的发展，面向首都圈及京都、大阪、神户等大城市市场的园艺生产基地在全国形成。在日本西部的四国、九州形成了以蔬菜为中心的生产基地；在日本东北部，由于“东北自动车道”的向北延伸，形成了夏秋蔬菜输送园艺生产基地，出现“集约北进”倾向。

3. 农协的营农指导事业的发展

经营的复合化及集约化实际上是想通过导入新作物种植来弥补由于农家稻作及兼业缩小所导致的收入减少的一种农业经营模式。农协对此做法发挥了不可忽视的作用，特别需要指出的是农协的营农指导对农业生产基地的形成起到不可缺少的作用。

农协的营农指导事业继承于战前农会的农事指导，被认为是综合农协的基本职能。但实际上在1949年至1955年间的农协的再建整顿及整顿促进下，农协的营农指导事业出现空洞化。表4－5显示的是1955年以后的农协营农指导员的配置情况表，从中可以看出：1955年平均每个农协的营农指导员人数仅有0.5人，无营农指导员的农协占全体的63.3%。可见，此时的农协营农指导事业形同虚设。

表4－6　农协营农指导员人数的变迁

单位：人

年份	调查农协数	总职员数	营农指导员数	平均每个农协的营农指导员数	营农指导员/总职员数	无营农指导员农协所占比率
1955	11 716	129 536	6 143	0.5	4.7%	63.3%
1960	10 769	145 642	9 696	0.9	6.7%	36.7%
1965	7 308	201 236	13 163	1.8	6.5%	31.7%
1970	5 996	247 379	15 512	2.6	6.3%	25.5%
1975	4 721	271 199	16 244	3.4	6.0%	19.7%
1980	4 488	286 377	18 661	4.2	6.5%	17.7%
1983	4 306	294 684	19 157	4.4	6.5%	15.4%

随着农协的合并，农协职员总数有所增加，到1983年营农指导员的绝对数也增加了3倍多，平均每个农协的营农指导员数达到4.4人的水平。营农指导员数占职员总数的比率从1955年的4.7%增至1983年的6.5%，无营农指导员的农协从1955年的63.3%减至1983年的15.4%。从中可以看出农协营农指导事业体制的充实和初步完善，特别值得注意的是农协营农指导事业充实化现象是从农协合并告一段落的

1970 年开始的。

直到稻米单作为主流的 20 世纪 60 年代，营农指导的事业内容比较单纯，主要是技术指导和经营指导，但关于稻作的技术指导因为农业改良普及所配有专家，所以当时的技术指导实际上是有政府部门的农业改良普及所的专家来负责，农协很少出动。至于经营指导，因为当时是政府统制下的"食管制度"，在此制度下，全国统一米价，所以当时的经营指导也仅仅是单位面积下的增收。总之，在高度经济发展时期的农协营农指导可以说仅是名义上的，几乎所有农业的技术指导和经营指导都是由"农业改良普及所"包揽。

"减反政策"以后，这种现象发生了很大变化。由于复合化和集约化的发展，很需要除稻作以外农作物的生产技术指导，而普及所的专家主要以稻作技术指导为主，除此之外的技术人员严重不足。因而，农协的营农指导事业开始发挥作用，营农指导事业的领域也大幅扩大。

二、经济稳定增长下农协的政策动向

1. 农协致力于地区农业振兴计划的制订

在日本经济从经济高速增长转入经济稳定增长的时期，日本农业也进入稻作生产调整的新阶段，面对此种新的环境变化，农协系统也开始致力于实现农业振兴活动。

1976 年第 14 次全国农协大会的"协同强化运动"上，对以前的"营农团地"做法进行再审查并提出地区农业振兴计划的构想。在这时期的地区农业振兴计划的构想里，农协原打算走地区复合经营方向，以便更有计划的促进地区经营资源的灵活运用。但在下次的农协大会上，并没有采取这种计划框架，而是基于地区特征，走自主的、创造的区域农业方向。于是，在 1979 年的 15 次全国大会上，审议并通过了"1980 年日本农业的课题和农协对策"，地区农业振兴计划的制订、实践被定位于农协对策的要点。1982 年的第 16 次全国农协大会上，通过了"日本农业的展望和农协的农业振兴方策"的决议，在决议中明确写入了农用地、农业劳动力等农业结构方面的对策，在地方上计划农用地利用计划的制定、地域营农团地的育成，生产成本降低对策等并进行实践。这个目标实现了以从稻米到其他土地利用型作物的转化及以固定化为轴心的农业生产结构的调整，同时也实现了为顺应农业结构调整而执行的集团土地利用方面的农业调整。如果没有农协立足于农业生产调整的固定化，地区农业振兴就会处于困难境地。

另外，因为日本农业地域内的农户多数是经营规模较小的零碎农户，在消除耕作零散化，实施生产结构调整及农业生产转化政策上，活用以集团为单位的生产调整机能，更能够引出生产的自发性，调整机能更具有效果，所以农协系统打出了地区营农集团培育的农业结构调整政策。

2. 农协在集落营农组织的育成方面的努力

从20世纪70年代后期开始，集落营农组织的育成就已经成为整个农协系统的努力方向。这种做法主要目的是把集落所具备的集体耕作、农地调整机能等优势扩展到农业生产活动全体，以此来克服由农户所具有的零散的土地所有结构、高龄化、农业劳动者后继乏人等造成的农地管理低下问题，以谋取区域农业的维持和振兴。

1979年全中会长的咨询机关综合审议会针对“促进组合员自发协作的组织运营实况”进行汇报，其中强调了集落组织育成的必要性，明示了农协组织集落组织育成对策的基本方向。另外，在1982年的全国农协大会决议中，针对区域农业调整明确提出集落组织的活用方向。该决议还提出农协一边以农地利用调整为轴心，一边以地区为单位组织劳动力、农业机械和设施、副产物等地区生产资源，并作为推动其有效利用的推动力来促使地区营农集团的育成。集落为地区营农集团的基础单位。这样，农协充分发挥其“协作”的特征，立足于各地区，致力于区域农业的发展和振兴。

第五章 20世纪90年代后日本农协的发展变化

20世纪90年代以后，随着经济全球化的发展，日本国内的形势也发生了很大的变化。从农村农业情况来看，农村劳动力的减少及老龄化、《新基本法》及《新粮食法》的产生，另外还有金融及进口的自由化等形势的变化，给农协带来了很大的影响。迫于形势的发展及自身经营恶化等问题，农协进行了事业改革。

第一节 20世纪90年代后的基本农政及农业结构的变化

一、基本农政方针

1. 新粮食法的出台

20世纪90年代以后，随着日本经济的国际化，特别是近年在自由贸易和市场开放的压力下，日本政府开始大幅度地调整粮食政策。1995年11月25日出台的《新粮食法》充分反映了这一变化方向。其基本要点是：①取消政府对大米等粮食作物在生产、流通上地直接管理，政府的管理权限缩小为粮食储备管理和进出口管理两项；②改变由农协"统购统销"的做法，对内开放大米流通市场；③准许民间资本（企业）参与粮食的流通和销售活动；④大米的供需完全由市场机制进行调节，政府不再进行干涉。这样，从1996年开始，农协将不再是唯一认可的大米流通代理者。随着民间流通资本地介入，日本的粮食流通将出现多元化趋势。

从旧的《粮食管理法》到《新粮食法》主要有以下变化：

第一，废除了生产者向政府出售米的义务（第3条）。此义务的废除，使非法自由米[1]得到承认（即计划外流通）。由此产生了与旧政府相关的“计划流通米”[2]，大部分“计划流通米”都是“自主流通米”[3]，与政府米相结合计划上市。这时的政府米与旧法时的不同，是在新法下的政府储备米。由政府购入的米仅限于储备米，一年后换季时，作为陈米发放到市场上。所以，农家销售的米分为计划流通的自主流通米、政府储备米及计划外流通米。

因为流通的米主要是自主流通米，所以米的价格是指自主流通米的价格，这种价格是在自主流通米价格形成中心通过竞标决定的，只不过，价格形成时设有一定的变动幅度，并不是完全自由的。可是在中心上市的米只占流通量的25%，其他都是以中心形成的价格为基准进行交易。这点与原来没有什么大的差别。

第二，流通的自由化。在旧法中，稻米的经营者参与经营要受到定制和许可制限制。在新法下，业者采用注册制，只要满足一定的注册条件就得到承认，基本上是谁都可以经营。只不过，大商家因涉及生产调整，条件要求比较严格，反而是一般的小经营者非常自由，因而1996年的小经营者从原来的9万个店面增加了两倍。

第三，流通自由化的另一点是经营业者贸易的自由化。原来规定流通途径必须具有一定的顺序，即各阶段的业者按纵的顺序进行贸易。在新法中贸易基本自由，批发商和小商贩可以直接和农协交易，经济联也可以直接和小商贩进行贸易。另外，原来的营业区域性的限制也没有了，因此可以自由地进行稻米的产地直销。

2.《新基本法》的制定[4]

1961年根据当时的社会经济及形势，明确日本农业发展的方向，日本政府制定了旧农业基本法，进入90年代后日本农业形势发生了很大的变化，但是随着经济的高速发展及国际化的进展日本经济社会发生了很大的变化，同时日本粮食、农业及农村的形势也随之出现巨大变化，主要表现有：①粮食自给率低下。随着饮食生活的多样化，日

---

① 指在食管制度下，不经过正规流通途径进行销售的一种违法销售的大米。

② 为供给和价格的稳定，计划生产及流通的米。

③ 是与政府统一定价的政府米相对应，是根据市场自由形成价格的流通米。

④ 本小节内容主要来源于《粮食·农业·农村基本法》，平成11年7月16日法律第106号文件。

本对主要农作物大米的消费量降低，而对畜产品等大量进口农产品的消费增加，从而引起粮食自给率低下。②农业者的高龄化及农地面积的减少。农业生产者的高龄化及退休等，使农村劳动力减少，农业从事者后继缺人。另外，国家对农业和农村给予很大的期待，即农业及农村对日本全国优质价廉的粮食的提供、国土及环境的保护等，作为生活、生命安全的基础将会发挥很大的作用。因而，在形势的变化及国家的期待下，1999年制定了《粮食·农业·农村基本法》（《新基本法》）。

《粮食·农业·农村基本法》共有四章：第一章是总则，第二章是基本对策，第三章是行政机关及团体，第四章是粮食、农业、农村政策审议会。第一章总则指出了该法案的目的是制定与粮食、农业及农村相关的诸措施事项，明确国家及地方公共团体的职责，据此，有计划性地推动粮食、农业及农村相关措施的实施，以期保障国民生活的稳定提高及国民经济的健康发展。该法提出了四点基本理念：第一，确保粮食的稳定供给。粮食是人类生活的物质基础，是维持生命所不可缺少的东西，必须确保优质粮食以合理的价格稳定供给。第二，发挥农业的多功能性。农业除了确保粮食及其他农产品的供给外，还发挥着涵养水源、防止水土流失、保护环境、形成良好的自然景观及继承传统文化等多方面的功能，为国民生活及国民经济的稳定发展发挥了很大的作用。第三，农业的可持续发展。鉴于农业粮食的供给及多方面功能的重要性，在确保必要的农地、农业用水等农用资源及农业生产主力的同时，通过维持和增进农业的自然循环功能来谋取农业的可持续发展。第四，农村的振兴。农村是包括农业生产者在内的地区居民的生活场所，可以说是农业持续发展的基本单位，为了充分发挥农业粮食的供给及其他多方面功能，必须通过整顿农业生产条件及生活环境来振兴农村。为了基本理念的实现，在《新基本法》后面的章节中提出了制定相关的措施策略。

二、农业结构的变化

战后，随着日本经济的高速发展，农业生产机械化、集约化及产业化的发展，农业生产效率得到很大的提高，农民的结构发生了很大的变化。主要表现在农户的减少、兼业农户所占比例的增大、农业就业人口的减少及农业就业人口年龄的偏大等几个方面。

1. 总农户数及专兼业农户的变化

战后经济的发展使农村发生了很大的变化。从表5-1来看，第一，总农户数急速减少。其中变化可以分为几个阶段：1950年至1960年为第一阶段，在这一阶段虽然从1950年到1955年的五年期间农户数量减少了18万左右，但从整体上来看农户数基本维持在600多万，保持平稳状态。到了60年代后，日本经济进入高速发展期，日本农户的变化就进入1965年至1985年的第二阶段。在这一阶段，日本农户开始逐年减少，由原来的六百多万减少到五百多万，1985年减少到438万左右。第三个阶段是1990年以后，农户数继续减少，平均每5年减少约32万户，到2010年统计结果就只有252万户左右。第二，兼业农户增多。

表5-1 战后日本总农户数、专业农户数、兼业农户数的变化

单位：万户

年份	总农户数	贩卖农家				
		总数	专业农户数	兼业农户数		
				总数	第一种兼业	第二种兼业
1947	591		327	264	-	-
1950	618		309	309	175	134
1955	604		211	393	227	166
1960	606		208	398	204	194
1965	567		122	445	208	237
1970	540		84	456	181	274
1975	496		62	434	126	308
1980	466		62	404	100	304
1985	438		63	375	76	297
1990	383	297	47	250	52	198
1995	344	265	43	222	50	172
2000	312	234	43	191	35	156
2005	284	196	44	152	31	121
2010	253	162	45	117	22	95

注：本表格中自1990年后的调查统计是采用新统计调查标准下的结果，农户分为贩卖农户和自给自足农户两类，其中对自给自足农户不再给予细分，而对贩卖农户又分为专业农户和兼业农户两类。所以本表格中自1990年后总农户数和贩卖农户数的差额为自给自足农户数。

战后初期的1947年，专业农户多于兼业农户，[1] 1950年专兼业农户持平各占50%，但经过日本经济的恢复期及经济的高速增长期之后，兼业农户远远超过了专业农户。1965年专、兼业农户分别是122万、445万户，约占总农户的21.5%和78.5%。到了1975年，总农户数约为496万户，其中兼业农户多达434万户，约占总农户数的87.5%，而专业农户只有62万户左右，仅占总农户的12.5%左右。第三，就兼业类型来看，其中第一种兼业（以农业收入为主的兼业农户）所占比重较少，而第二种兼业（以农业收入为辅的兼业农户）所占的比重较大。

2. 日本农户数、农家人口、农业就业人口等的变化

从表5－2来看，总农户数从1985年到2005年的20年间，每5年的平均减少率为9.5%。自给农户（耕地面积未满30公亩且农产品销售金额未满50万日元的农户）从1985年的91万户减少到2000年的78万户，减少了13万户。但从2000年到2005

表5－2　农家户数、农家人口、农业就业人口等的变化

年份		1985	1990	1995	2000	2005	2010
农家户数（万户）	自给农户	91	86	79	78	89	163
	贩卖农户	332	297	265	234	195	90
	合计	423	384	344	312	284	253
农家人口（贩卖农户）（万人）	男	765	842	588	513	412	321
	女	799	887	616	534	425	329
	65岁以上比率	16.9%	20.0%	24.1%	28.0%	31.6%	34.3%
	合计	1 563	1 730	1 204	1 047	837	650
农业就业人口（贩卖农户）（万人）	男	220	198	177	172	156	131
	女	323	284	237	217	177	130
	60岁以上比率	40.5%	50.6%	59.9%	65.9%	69.2%	91.9%
	合计	543	482	414	389	335	261

资料来源：http：//www.maff.go.jp/j/tokei/census/afc/past/stats.html.

年的5年期间，自给农户数大幅增长，从78万户增长到89万户（增长了11万户）。至于2005年至2010年间的5年更为明显，这5年间的自

① 兼业农户是指家庭成员中，兼业人数有1人以上者。根据其主要收入来源又分为第一种兼业（指农业所得为主的农户）和第二种兼业（指农业收入为次的农户）。

给农户从2005年的89万户增加到163万户，增长率高达百分之八十以上。与此相反，贩卖农户数一直呈下降状态。与2005年到2010年的自给农户数大幅增长相比，贩卖农户数比率大幅减少。

接下来看农家人口和农业就业人口的变化。其人数除1985年到1990年的5年间增长外，之后的时间都是大幅度减少。其中1990年至1995年的减少更为明显，由1 730万人减少到1 204万人，减少了526万人。之后人数继续减少，到2005年农家人口只有837万人，还不到1990年农户人口数的一半，2010年就只剩下650万人了。从男女比例来看，农户人口中的女性比例高于男性比例（见表5－3）。至于农业就业人口，从表5－2来看，1985年是543万人，而2005年仅为335万人，减少了208万人。

表5－3　农家人口（贩卖人口）男女所占比例

单位：万人

年份	1985	1990	1995	2000	2005	2010
合计	1 563.3	1 729.5	1 203.7	1 046.7	837.0	650.3
男	764.6	842.1	588.0	512.9	411.5	320.8
比率	48.9%	48.7%	48.8%	49.0%	49.2%	49.3%
女	798.7	887.4	615.8	533.8	425.4	329.4
比率	51.1%	51.3%	51.2%	51.0%	50.8%	50.6%

材料来源：http：//www.maff.go.jp/j/tokei/census/afc/past/stats.html.

3. 农业就业人口的年龄分布

如上所述，农业就业人口逐年大幅度减少，伴随着其数量的减少，农业就业人口年龄的高龄化也在加重。从表5－4来看，65岁以上的农业就业人口所占比例越来越大。1975年是166万人，占总农业就业人口的21.0%，1990年所占比率是33.2%，1995年为43.5%，2005年为58.2%，到2010年高达61.7%。

总的来说，战后日本农村农户数，主要农业劳动力整体上处于减少趋势。据预测，今后还会继续减少。就农业劳动力的年龄构成来看，人口老龄化明显，特别是农村在昭和元年至昭和9年出生的那一代人现已都在70岁以上，他们这一代原是农业生产的主要承担者，随着年龄增大、体力不足，渐渐退出农业生产的舞台，而新的年轻人多数走入城市，所以农村出现农业劳动力后继缺人的局面，给农业生产带来很大的影响。农户是农协的组织基础，农户结构的变化对农协组织及农协事业和经营产生极大的影响。

表 5－4　农业就业人口的年龄分布

单位：万人

年份	1975	1980	1985	1990	1995	2000	2005	2010
合计	792	698	637	482	414	390	335	211
16—29 岁	102	71	44	28	21	25	19	6
30—39 岁	102	76	67	47	29	19	12	5
40—49 岁	171	126	84	55	46	37	24	7
50—59 岁	167	175	165	108	70	52	48	16
60—64 岁	84	78	91	84	68	51	37	16
65 岁以上	166	172	186	160	180	206	195	161
比率	21.0%	24.6%	29.2%	33.2%	43.5%	52.8%	58.2%	61.7%

材料来源：http：//www.maff.go.jp/j/tokei/census/afc/past/stats.html.

注：1990 年以后是贩卖农户的数据。

第二节　农协组织、事业及经营状况

在新的经济及政治形势下，日本农协在事业、组织及经营方面发生了很大的变化。主要表现在农协数量及农协职员大量减少、农协职员的多样化及农协经营等方面。

一、农协组织变化情况

自 1947 年农协产生以来，农协在不同时期以不同的速度进行合并。农协合并是在不同时期中、不同的环境下开展起来的，全国及都道府县中央会对农协合并的推动起了很大的作用。

1. 由于农协合并所导致的农协数量变化

在前文已经提到 1947 年农协法实施以后，农协迅速设立，到 1950 年综合农协数多达 13 314 个组合。在经济高速发展时期的 1961 年《农协合并助成法》实施，自此开始农协合并加速，到 70 年代中期，农协数量下降到 5 000 个左右。

如果说 20 世纪 60 年代的农协合并是对达不到市镇村区域的农协进行合并、70 年代向更广范围的农协合并进行转换的话，那么 90 年代就是更广范围的农协正式合并开始的时期。

到20世纪90年代，随着金融自由化的发展，农协合并速度进一步加快，如表5－5所示：1985年综合农协数为4 242个组合，1990年的数量是3 591个组合，5年间减少了651个组合，比1985年减少了15.3%。进入20世纪90年代农协合并加速，幅度加大，1994年至1996年间的合并幅度比1992年至1994年间的幅度有所下降，减少率为12.7%，但之后合并速度迅速提高，1998年比1996年减少21.1%，2000年至2002年减少了27.9%，1996年至2002年平均每年减少400个左右。之后，合并仍在持续，但速度有所减缓，2006年综合农协总数只有844个组合，比1985年减少了3 398个组合，减少率为80.1%，到2010年就只剩下725个。

表5－5　1985年至2008年农协数量变化

年份	1985	1990	1992	1994	1996	1998	2000	2002	2004	2006	2008	2010
农协总数	4 242	3 591	3 204	2 669	2 331	1 840	1 424	1 046	913	844	770	725
增减率变化	–	90/85	92/90	94/92	96/94	98/96	00/98	02/00	04/02	06/04	08/06	10/08
	–	↓15.3%	↓10.8%	↓16.7%	↓12.7%	↓21.1%	↓22.6%	↓27.9%	↓12.7%	↓7.6%	↓8.7%	↓5.8%

材料来源：根据农林水产省历年《综合农协统计表》计算得出。

注：每年的数据是上年4月1日至次年3月31日的数据。比如1985年的数据是1984年4月1日至1985年3月31日的调查数据。

2. 农协的组织基础组合员的变化状况

20世纪90年代以来，农协的合并给农协组织状况带来很大的变化。其中1990年至1996年每年增长幅度比较大，平均每年增长10万人左右，从1996年起增长幅度开始降低，到1999年为止持续增长的农协会员开始出现负增长。1998年的农协会员人数是9 128千人，1999年的农协会员人数是9 125千人，比1998年减少了3千人。自1999年开始，农协会员人数继续减少且减少幅度增大，2001年人数为9 083千人，减少幅度创历史最低点。而在2003年至2004年农协会员人数都处于增加状态，其原因是以城市为中心的非会员的人员以准会员身份加入并起了很大作用，截至2010年会员人数一直呈增长趋势。2005年会员人数是9 188千人（详见表5－6）。总体来说，90年代以来的农协会员总数平均保持在900万人左右，相较于农协的正组合员数和准组合员数来说，变化不是很大。

就农协正会员和准会员的变化情况看，90年代以来正会员持续减少，而准会员则持续增加。如表5－6所示：1990年的正会员数是5 544千人，占总数的64.4%。1995年正会员数为5 432千人，占总数的60.3%，但是比1990年减少了4个百分点。2005年的正会员数占总数的54.4%，比1990年足足减少了10个百分点。与正会员数的减少相反，准会员人数则呈上升趋势，人数从1990年的3 065千人增至2005年的4 190千人，所占总数的比率则从1990年35.6%增加到2005年的45.6%，增加了10个百分点。

从1990年至2005年正会员数和准会员数的逐年增减幅度变化来看（如表5－6所示），准会员的增长情况分为两个阶段：第一阶段是1990年至2001年间，本阶段内的准会员增长增幅呈递减走势。第二阶段是2002年至2005年间，在本时间段内的准会员增长幅度又呈上升趋势。与准会员的走势不同，农协正会员人数在1990年至2005年一直呈减少趋势，且从整体上看减少幅度呈上升趋势，其中，1998年至2002年农协正会员减少幅度超过了准会员的增加幅度。如，1998年至1999年的正会员数减少了4.8万人，准会员则是从1998年的3 784千人增加到1999年的3 829千人，增加了4.5万人，正会员的减少数超过了准会员的增加数；1999年至2000年，正会员人数减少了4.6万人，减少0.9%，准会员增加3万人，增加了0.8%；2000年至2001年，正会员减少3.9万人，准会员增加1.2万人；2001年至2002年正会员减少5.2万人，准会员增加4.2万人。正因如此，农协合并以来所引起的农协会员长期的增长，从1999年开始出现减少。

表5－6　1990年至2005年综合农协会员人数变化

单位：千人，千团体

年份	正会员			准会员			合计C	A/C	B/C
	个人	团体	小计A	个人	团体	小计B			
1990	5 538	6	5 544	2 995	70	3 065	8 609	64.4	35.6
1995	5 432	8	5 440	3 516	73	3 589	9 029	60.3	39.7
1998	5 336	9	5 344	3 709	75	3 784	9 128	58.5	41.5
1999	5 288	8	5 296	3 754	75	3 829	9 125	58.0	42.0
2000	5 241	9	5 250	3 783	76	3 859	9 109	57.6	42.4
2001	5 202	9	5 211	3 795	76	3 871	9 083	57.4	42.6
2002	5 150	9	5 159	3 836	77	3 913	9 072	56.9	43.1
2003	5 099	9	5 108	3 915	77	3 992	9 100	56.1	43.9
2004	5 045	9	5 055	4 014	77	4 091	9 146	55.3	44.7
2005	4 988	10	4 998	4 113	77	4 190	9 188	54.4	45.6

材料来源：农林水产省历年《综合农协统计表》。

2006年至2010年间准会员4 380千人增加到2010年的4 973千人，而正会员则从4 942千人减少到2010年的4 720千人。就2010年来看，该年度正会员的人数比上年度减少了1.2%，会员的高龄化是造成会员减少的一大要因。另外，由于对准会员推行住宅贷款及会员扩充运动，所以该年度的准会员比上年增加了3.5%。因此，自2009年起出现的农协内部正会员与准会员的逆转现象，今后还将会扩大下去。

农协准会员的增加与农协的积极扩大准会员政策有关，据2003年11月实施的《农协信用事业动向调查》表明，实施积极扩大准会员政策的农协占10%，针对积极扩大准会员政策，实施中、计划实施、讨论中的农协数占全体的45.8%。对于农协利用者，为了劝其加入农协，农协职员常常通过宣传或个别访问的形式向他们介绍成为会员后的有利性，比如出资分红、利用额的分红及利用方面的优惠性等。因而，为了弥补由于正组合员的减少所造成的资金方面的减少及组织基础的薄弱，农协推动了使利用者准会员化的策略。可以说，农协准会员扩大政策的实施是近年来准会员人数增加幅度加大的主要原因之一。

总之，自80年代以来，总的来说农协会员总数呈增加趋势，而正会员的减少和准会员的增加则是自20世纪80年代以来就一贯具有的倾向。农协会员总数的增加究其原因可以说是因为农协的合并，换句话说是由于农协的合并造成了农协会员的增加，给农协的组织状况带来了很大的变化。而正组合员的减少与经济高速增长后日本农村农户结构的变化有很大关系，如在本章第一节中所述，由于经济的高速增长，日本农村发生了很大的变化，农户数、农业就业人口大幅减少，农业就业人口老龄化严重，昭和元年至昭和9年出生的人到现在都已经是七八十岁的老人，而这些人曾经是农村农业生产的主体，随着年龄的增长都已经退出农业生产的舞台，年轻人又大都进入城市导致农业后继乏人，农村劳动力不足。农户是农协的组织基础，农业就业人口及农户的减少势必引起农协组织的变化，因而，农协正会员的减少也受环境条件的变化所驱使。

3. 日本农户结构的变化对日本农协的影响

从农协组合方面来说，日本农协会员呈现多样化。其多样化表现在以下几个方面：一是农协组合员中准组合员所占比率的上升，这点在前面已有所论述。二是农协的正组合员出现多样化。农协的正组合员中兼业农户所占比率增加。三是自给农家及拥有土地的非农家所占比率上升。2000年正组合员户数是457万户，其中自给农户是78万户，占25.1%，与拥有土地的非农户一起占正组合员的40%。也因此产生了日本农协正组合员户数多于农户数的奇怪现象（见表5－7）。

表5－7　日本农协的正组合员户数及日本农户数的变迁情况

单位：万户

年份	1970	1975	1980	1985	1990	1995	2000	2005
农户数	530	495	466	438	384	344	312	285
农协正组合员户数	540	525	509	497	486	473	457	435

资料来源：农林水产省《历年综合农协统计表》。

从表5－7可见，日本1970年的总农户数为530万户，农协的正组合员户数为540万户，农协正组合员户数超过了农户总户数。到了1975年农户数为495万户，而农协正组合员户数为525万户，比农户数多了30万户。到20世纪90年代以后，日本农协的正组合员户数比农户数多100多户。到2005年农户数为285万户，农协正组合员户数为435万户，农协正组合员户数多出了150万户。造成农协正组合员户数与农户数数量不平衡现象的原因归结为双方定义的不同。据2002年日本“全国农业协同组合中央会”制定的规范章程惯例中指定出资农协的正组合员资格为：第一，经营耕地在1 000平方米以上，耕种的土地或住所在所属农协组合区域内农民。第二，1年内有90天以上从事农业，住所在所属农协组合内的农民。满足这些条件的农民就具备正组合员资格，而这些农民所属的农户就称为正组合员农户。

另外，《2000年世界农林业统计调查》中规定农户的定义则是：耕地面积在1 000平方米以上或耕地面积未满1 000平方米，但在调查日期前1年内农产品销售金额在15万日元以上的农户。

从二者的定义来看似乎是很相近的。但正组合员资格要求规定里，关于耕地面积及农业耕作天数又附款说：“一般属于农民概念的人就算作正组合员，根据地区实际情况具体规定。”但不同的农协其条件要求有所不同。比如说，就耕地面积来看，虽然定义上规定正组合员资格是1 000平方米以上的农民，但耕地面积不足1 000平方米的农协所占比例也不低。1975年耕地面积在1 000平方米以下的占19.4%，而2005年耕地面积在1 000平方米以下占了22.2%。同样的从耕作天数上来看，正组合员资格的实际要求比定义要求要宽松得多。而从农户的定义来看却是越来越严格。比如说1975年农户定义为：耕地面积在1 000平方米以上（其中日本西部在500平方米以上），农产品销售额在7万日元以上的农户。1980年的定义为：耕地面积与1975年定义相同，但农产品销售额在10万日元以上。到了1990年，农业耕地面积全国范围内都限制在1 000平方米以上，农产品销售额都限制在15万日元以上，一直到现在都沿用此定义。由此可见，农户的定义范围逐年严格，而农协的限制范围却是逐步宽松，因而造成了农协的正组合员户数多于农户数的奇怪现象。农协的这种奇怪现象再加上农协的准会员制度，使农协受到了批评。因为农协是一人一票制，所以农协经营所反映的是在农协中占多数比例的兼业农户的意见而不能反映真正农户的意见。另外，正组合员中拥有土地的非农户的存在违反了农协法。

3. 农协管理员及职员的变化

从20世纪90年代后的农协管理员和农协职员数来看，整体处于减少趋势。管理员、职员数（常务）的数量都在减少。职员数从1994年度开始一直在减少。2003年度到2005年度的3年间，职员数的降幅是3%左右。常勤人数从1995年的3 947人减至2005年的3 058人，减少了22.5%；非常勤人数从1995年的36 259人减至2005年的14 259人，减少了22 000人，减少率高达60.7%。就2005年的增减率来看，常勤理事减少2.7%，非常勤理事减少5.4%。比2004年的3 144人减少2.7%；非常勤理事比2004年减少5.4%（见表5－8）。

表5－8 农协理事及农协职员的变化情况

年份	1995	1996	1997	1998	1999	2000	2001	2002	2003	2004	2005
常勤理事	↓6.6%	↓3.5%	↓6.9%	↓8.2%	↓7.6%	↓6.6%	↓7.9%	↓0.7%	23.9%	↓1.3%	↓2.7%
非常勤理事	↓8.5%	↓2.8%	↓9.7%	↓9.5%	↓11.0%	↓11.8%	↓9.8%	↓12.5%	↓9.7%	↓6.5%	↓5.4%
信用职员	↓0.4%	↓1.9%	↓2.1%	↓1.5%	↓2.1%	↓1.4%	↓2.1%	↓1.7%	↓2.8%	↓2.8%	↓2.8%
共济职员	5.0%	3.5%	1.7%	4.6%	4.0%	3.6%	4.3%	3.7%	2.4%	3.1%	0.1%
购买职员	↓1.2%	↓3.9%	↓4.7%	↓2.9%	↓4.1%	↓4.7%	↓4.7%	↓4.7%	↓6.7%	↓6.7%	↓7.1%
贩卖职员	0.4%	↓0.5%	↓2.6%	↓1.2%	↓2.9%	↓2.2%	↓0.7%	↓1.6%	↓2.0%	↓2.0%	↓1.8%
其他	↓3.2%	0.2%	↓3.9%	↓2.6%	↓1.3%	↓2.0%	↓3.0%	↓3.0%	↓5.3%	↓3.4%	–
职员总计	↓0.9%	↓1.4%	↓3.0%	↓1.6%	↓1.9%	↓2.0%	↓2.2%	↓2.2%	↓3.7%	↓3.1%	↓3.1%
临时工、钟点工	–	–	9.9%	1.5%	10.8%	7.5%	11.6%	↓4.2%	↓1.2%	2.2%	↓3.0%

另外有一点值得注意的是业务精通的常勤理事自2002年后持续大幅度增加，2001年平均每个组合业务精通常务理事是0.6人，到2004年达到1.9人。这是因为由于农协合并的大型化，对业务的专业化要求加强，原来对农协经营比较精通的许多职员被录用为常务理事的情况增多。

从农协职员的变化情况来看，农协职员人数从1995年的297 632人减至2005年的232 981人。从不同事业类别农协职员的变化情况来看，农协的四大事业类型中，除共济事业职员增加外，其他事业职员人数都呈减少状态，而且共济事业的增加率在2005年初处于0.1%的最低水平，1995年至2004年的增长率都在1.7%至5.0%之间。共济事业的职员数在统计上可以追溯到1964年，20世纪60年代后半期年平均在8.0%，70年代为4.1%，80年代为2.8%，虽然增加率不大，但职员人数仍呈持续稳定增加状态，到90年代由于信用事业总利益减少，农协经营对共济事业的依赖度增强，共济事业职员数年平均增加率又上升到4%。可是，近几年由于长期保险承保金额有减少倾向，共济事业总利益也于2000年达到顶峰后持续减少。虽然共济事业职员数持续增加，但2005年度的增加率却大幅下降。在主要事业中，购买事业职员的减少率最高，2005年达7.1%，其次是信用事业职员2.8%，贩卖事业职员1.8%。

关于临时或钟点工职员的增减情况，从表中可以看出，2002年之前持续增加且增加幅度较大，接着，从2002年开始连续两年减少，到2004年增加率又上升到2.2%，2005年又减少了3.0%。雇用临时职员的组合所占比例从2001年的69.7%上升到2004年的74.3%，增加了近5个百分点。

农协职员的减少，临时职员的增加，与农协为了改善经营恶化状况，采取削减人事经费措施有密切的关系。为了削减人事经费的开支，只有通过减少职员来实现。

二、农协主要事业量的变化情况

从1990年至2005年农协主要事业量的变化情况来看，农协事业方面在本时期的主要特征是农协主要事业量的减少。如表5－9所示，从表中数据可以看出，1990年至2005年，综合农协的信用、保险、购买及销售等四大主要部门中，除信用、保险事业额增长外，购买及销售等涉及农业经济部门的事业额出现锐减。

信用事业中的存款余额从1990年的561 629亿日元增至2005年的791 487亿日元，增加了229 858亿日元，增长率为40.9%；贷出款项年度结算余额增加了70 753亿日元，增长率达50.0%；长期保险事业中，年度累计承保金额从1990年的2 988 452亿日元增至2005年的3 602 845亿日元，增加了614 393亿日元，增长率为20.6%，年度新合同承保金额增加了54 238亿日元，增长率为20.6%；购买事业中，供货总额从1990年的52 111亿日元降至2005年的34 550亿日元，减少了17 561亿日元，减少率达33.7%，其中生产资料的供货额减少了8 025亿日元，减少率为25.2%，生活资料减少了9 536亿日元，减少率高达47.2%；销售事业的销售额减少了18 964亿日元，减少率为29.6%。

表5－9　1990年至2005年农协主要事业量的变化情况

单位：亿日元

年份		1990	1995	2000	2001	2002	2003	2004	2005
信用	存款余额	561 629	680 267	723 152	738 170	747 676	763 030	779 631	791 482
	贷款余额	141 420	194 781	219 412	216 389	214 363	213 802	212 084	212 173
长期保险	年末累计承保金额	2 988 452	3 728 842	3 897 482	3 875 083	3 829 004	3 757 455	3 681 642	3 602 845
	新合同承保金额	262 731	293 977	317 980	299 622	302 064	301 555	317 691	316 969
购买事业	供货总额	52 111	49 681	41 660	39 956	37996	36 297	35 253	34 550
	生产资料	31 902	30 498	26 928	26 022	24 903	24 128	23 921	23 877
	生活资料	20 209	19 184	14 733	13 934	13 093	12 169	11 332	10 673
销售事业销售额		64 113	59 047	49 508	47 115	473 51	46 916	46 030	45 149

材料来源：农林水产省历年《综合农协统计表》。

从整体上看，农协主要事业量有增有减，但其内部详情又有所不同，下面对农协主要事业量的变化情况分别进行分析。

1. 信用事业

从表5－9中1990年至2005年农协的信用事业量的变化情况来看，

农协信用事业的存款余额从1990年的561 629亿日元增至2005年的791 482亿日元，增加了229 853亿日元，增长率为40.9%，贷款余额从1990年的141 420亿日元增至2005年的212 173亿日元，增加了70 753亿日元，增长率高达50.0%。但期间农协的存款和贷款增减具体变化又有所不同，从表中可以看出，1990年至2005年，存款余额一直处于增长状态，而贷款余额在1990年至1999年呈增长状态，且增长幅度大于存款余额的增长幅度，但自2000年开始，农协的贷款余额呈下降趋势。

从表5-10农协存款、贷款余额及储贷率的变化表显示，就2000年的具体情况来看，该年度的存款余额为723 152亿日元，比上年度增加了2.5%，增加了0.8个百分点。存款余额增幅加大的原因是10年前高利息时期存入邮局储蓄的定期存款于2000年4月后大量到期，其中一部分资金流入农协存款余额中，使农协存款余额增加。该年度的贷款余额是219 412亿日元，比上年度减少了0.5%，开始从上年度的增长状态转入减少状态。这是因为私人住宅资金、贷款资金的需求达到饱和，再加上经济的长期不景气，影响了会员汽车贷款、信用贷款等生活资金及农外事业资金的需求，从而影响到农协贷款数量，导致贷款额的下降。

表5-10　农协存款、贷款余额及储贷率的变化

单位：亿日元

年份	存款余额	贷款余额	存款增长率	贷款增长率	储贷率
1990	561 629	141 420	–	–	–
1994	678 557	186 554	3.5%	2.6%	27.5%
1995	680 267	194 781	0.3%	4.4%	28.6%
1996	681 954	204 492	0.2%	5.0%	30.0%
1997	688 580	213 294	1.0%	4.3%	31.0%
1998	693 555	219 393	0.7%	2.9%	31.6%
1999	705 565	220 504	1.7%	0.5%	31.3%
2000	723 152	219 412	2.5%	↓0.5%	30.3%
2001	738 170	216 389	2.1%	↓1.4%	29.3%
2002	747 676	214 363	1.3%	↓0.9%	28.7%
2003	763 030	213 802	2.1%	↓0.3%	28.0%
2004	779 631	212 084	2.2%	↓0.8%	27.2%
2005	791 482	212 173	1.5%	0.0	28.8%

材料来源：农林水产省历年度《综合农协统计表》。

从2000年起农协信用事业的贷款余额呈减少趋势，如2000年减少0.5%，2001年减少1.4%，2002年减少0.9%，2003年减少0.3%，2004年减少0.8%，2005年度比2004年度有所增加。农协信用事业的存款余额仍呈增加趋势，如2000年增加2.5%，2001年增加2.1%，2002年增加1.3%，2003年增加2.1%，2004年增加2.2%，2005年增加1.5%。由于农协存款额的增加，贷款额的减少，农协的储贷率①自2000年开始降低，对农协信用事业的收支带来很大的影响。

2. 购买事业

20世纪90年代后的农协的购买事业呈减少趋势，具体情况如表5-11所示，1994年至2004年间，日本综合农协的购买事业供货额从50 922亿日元减至35 453亿日元，减少了15 469亿日元，减少30.4%。其中生产资料从1994年的31 246亿日元减至2004年的23 921亿日元，减少了23.4%，生活资料从1994年的19 676亿日元减至2004年的11 332亿日元，减少了42.4%。

在生产资料中，汽车的供货额减少最多，减少率达55.6%，其次是保温包装材料，减少了35.1%，接着是农业机械34.9%、肥料23.9%、农药23.2%。由于农民高龄化、农作物价格下降导致农作物种植面积及家畜饲养头数持续减少，农作物种植面积及家畜饲养头数的减少势必引起保温包装材料、农业机械、肥料、农药等农业生产材料需求减少。另外，为了饮食安全，民众“减农药、减化肥”呼声的高涨也使农药、化肥的使用量减少。在农业生产资料中，可以看到石油的减少量最低，只有7.8%，并且期间的2000年度事业量还比上年度增长了9.5%，这与石油价格高涨有很大的关系。

在生活资料中，衣料品减少最多达65.7%，其次是日用保健杂货达56.9%、其他粮食类54.9%、大米47.3%。

从表中可以看出，生活资料的减少率为30.4%，生产资料的减少率为23.4%，生活资料的减少量超过生产资料的减少量7个百分点，生活物资供应量的减少受经济不景气造成农家收入减少及通货膨胀造成物价下跌的影响较强。

① 储贷率是指农协贷款额与存款额的比率，是反映农协信用事业收支动向的一个指标。

表5-11　农协购买事业变化

单位：亿日元

	年份	1994	1996	1998	2000	2002	2004	2004至1994
生产材料	肥料	3 988	3 914	3 541	3 293	3 105	3 034	-954（23.9%）
	饲料	4 141	4 880	4 459	3 755	3 676	3 636	-505（12.1%）
	农业机械	4 175	4 157	3 131	3 012	2 843	2 717	-1 458（34.9%）
	保温包装材料	2 628	2 604	2 318	2 160	1 858	1 704	-924（35.1%）
	农药	3 268	3 205	2 844	2 772	2 581	2 510	-758（23.2%）
	汽车	3 076	3 095	2 336	2 155	1 774	1 367	-1 709（55.6%）
	石油类	6 372	6 356	5 595	6 442	6 023	5 878	-494（7.8%）
	其他	3 599	3 807	3 391	3 338	3 043	3 075	-524（14.6%）
	小计	31 246	32 019	27 615	26 928	24 903	23 921	-7 325（23.4%）
生活材料	米	1 556	1 304	1 095	969	895	820	-736（47.3%）
	其他粮食类	9 599	8 619	7 591	6 358	5 296	4 328	-52 719（54.9%）
	衣料品	607	589	444	397	299	208	-399（65.7%）
	日用保健杂货	2 129	1 879	1 525	1 301	1 143	917	-1 212（56.9%）
	液化气	1 493	1 534	1 564	1 565	1 434	1 211	-282（18.9%）
	耐久消费材料	1 429	1 458	1 216	1 113	992	782	-647（45.3%）
	其他	2 863	3 221	2 975	3 031	3 034	3 066	203（7.1%）
	小计	19 676	18 604	16 409	14 733	13 093	11 332	-8 344（42.4%）
	合计	50 922	50 623	44 024	41 660	37 996	35 453	-15 469（30.4%）

材料来源：农林水产省历年《综合农协统计表》。

3. 销售事业

1999年度的贩卖事业处理额比上一年减少2 792亿日元（见表5-12），减少了5.1%，达到5兆1 504亿日元。和购买事业一样，是1997年以来连续减少的第3年。

从具体的明细来看，减少额最大的是蔬菜，该年度的蔬菜销售额是13 419亿日元，因为进口蔬菜激增导致日本国内蔬菜价格下降，4年来首次比上一年度减少了1 020亿日元，达到1兆3 419亿日元。其次是大米，因为消费的回落、低等级大米的大量上市、销售价格低迷等方面影响，大米的数额比上年度减少了977亿日元，达到1兆2 811亿日元。因为价格下降，水果也比上年度下降545亿日元，达到5 645亿日元。以家畜、牛奶（除生奶以外）的减少为中心，畜产品比上年度减少311亿日元，达到1兆2 295亿日元。

表5－12　销售事业年变化情况

单位：亿日元

年份	当年销售额	米	蔬菜	水果	畜产物	花卉和花木
1990	64 113	20 027	13 422	7 804	14 295	1 653
1991	63 492	18 895	13 852	8 130	1 3971	1 848
1992	62 123	20 129	12 640	7 760	13 108	1 904
1993	59 335	17 607	14 428	6 846	12 116	2 040
1994	60 116	20 004	13 382	7 632	11 588	2 046
1995	59 047	19 695	12 754	7 600	11 635	2 073
1996	59 158	17 905	13 162	6 996	13 326	2 270
1997	57 077	16 444	13 521	6 144	13 308	2 302
1998	54 295	13 788	14 439	6 191	12 606	2 343
1999	51 504	12 811	13 419	5 645	12 295	2 147
2000	49 508	12 066	12 881	5 434	12 357	2 026
2001	47 115	11 723	12 211	5 025	11 246	2 041
2002	47 351	11 369	12 564	4 865	11 475	1 979
2003	46 916	11 723	12 515	4 373	11 224	1 910
2004	46 030	10 242	12 462	4 572	11 856	1 882
2005	45 149	10 272	11 870	4 408	11 935	1 827

材料来源：农林水产省历年度《综合农协统计表》。

从1994年开始，在综合农协统计表中就有数据统计的花卉和花木首次出现下降，主要是因为消费的不信任以及由于进口增加等引起的，比上年度减少196亿日元，达到2 147亿日元。

从表中可以看出，2005年度销售事业的总销售额比2004年度减少了1.9%。其中大米增加了0.3%，蔬菜减少了4.8%，水果减少了3.6%，畜产增加0.7%，花卉减少了2.9%。与1990年相比，该年度的总销售额减少了18 964亿日元，减少29.6%；大米减少9 755亿日元，减少了48.7%；蔬菜减少1 552亿日元，减少了11.6%；水果减少3 396亿日元，减少了43.5%；畜产减少2 357亿日元，减少了43.5%；花卉等增加了174亿日元，增加了10.5%。2004年度和2005年度的销售额减少幅度略微扩大，但与20世纪90年代后半期年平均3.8%的减少幅度相比，这还是很慢的。

近年来，之所以减少速度幅度较小，主要是因为农产品价格大幅回落。

4. 保险事业

从农协的保险事业量的变化来看，自保险事业成立以来于1998年达到事业量的顶峰，从1999年开始事业量持续下降。

就1999年的保险事业状况来看，尽管1999年度的保险事业的长期承保新合同的数量比上年度减少了48 000件，为2 321 000件，但合同金额却比上年度增加9 546亿日元，达到30兆9 403亿日元。从保险金额的详细情况来看，生命综合保险减少了2 888亿日元，而建筑物更生保险增加了6兆2 434亿日元，超过了生命综合保险的减少额。

另外，1999年度的长期保险承保合同的数量比上年度减少了567 000件，达到35 618 000件，承保金额比上年度减少4 373亿日元达到390兆9 797亿日元，尽管降幅只有0.1%，但这是承保合同金额自该事业开始以来的首次下跌。从承保金额的详情来看，养老生命保险比上年度大幅减少7兆7 973亿日元，不过终身保险增加了4兆3 129亿日元，因此生命综合保险减少了3兆3 000亿日元。另外建筑物更生保险比上年度增长8 642亿日元。短期保险合同额的件数比上年度增加了1 147 000件，达到45 577 000件，共济分期付款比上年度增加82亿日元，达到4 453亿日元。

到2004年，虽然以建筑物更新保险为中心，长期保险新合同额2年来，首次出现增加，但2004年的保险事业无论是承保合同余额还是合同数，自1999年以来连续减少了6年，而且减少额逐年不断扩大。

到2005年从整体上看，长期保险期末承保合同额在1998年达到顶峰后连续减少了7年。从各地区来看，北陆地区在2001年以后，东海地区在2003年以后持续减少，其他地区早在1999年以后就开始减少。从长期保险期末承保合同额的详情来看，除东北地区以外，建筑物更生保险都在增加，生命综合保险的减少率也不断扩大。总之关于保险的事业量，尽管三大都市圈减少趋势比较缓慢，但最大的特征是所有地区都持续减少。

总之，20世纪90年代后的日本农协共济事业，长期保险年末累计承保金额在1990年至1998年持续增长，于1998年达到历史最高峰，之后，事业量开始下滑。原因主要有农民经济收入的减少、20世纪90年代后的金融自由化等。

三、农协经营收支情况

1997 年度事业总利润为 2 兆 3 038 亿日元，比上一年度减少 875 亿日元。另一方面，虽然因职员人数减少员工工资减少 248 亿日元，但事业管理费为 2 兆 2 395 亿日元，减少额只有 179 亿日元。因此，日常利润为 1 191 亿日圆，比上年度减少 766 亿日元，减少了 39%。与顶峰时期 89 年的 4 515 亿日元相比，大约只有当时的 1/4 的水准。

另外，用事业管理费比率①来分析收益性，现为 97.2% 比上年度上升 2.8%，这是过去 10 年来最高的数字。这是因为，尽管事业管理费在 1995 年达到顶峰后逐渐回落，但事业总利润的减少额却没相应变化。从各部门的事业总利润来看，除保险事业事业增加了 53 亿日元以外，信用事业、购买事业、贩卖事业分别减少 450 亿日元、378 亿日元和 50 亿日元。另外，尽管保险事业保持增长态势，但近年来，增加额也缩小了。各部门在事业总利润中所占比率为：信用事业占 35.3%（减少 0.6%），保险事业占 25.2（增加 1.2%），购买事业占 26.1%（减少 0.7%）。这三个部门大约占 87%。近年来，一方面，信用、购买事业的比率在下跌，而另一方面，保险事业的比率在提高，1997 年度的比率首次超过四分之一。

2004 年度事业总利润为 2 兆 203 亿，比上年度减少 2.6%，这是连续第二年下降。从各部门事业经营情况来看，购买事业的总利润减少了 6.3%，信用事业也减少了 2.3%，且降幅呈现出逐年增大的趋势，贩卖事业从上一年度 0.4% 的增幅（主要是因为大米价格上升引起大米销售、处理额的增加）转到 2.0% 的降幅，3 年来首次出现下降。保险事业减少了 1.2%，降幅略微缩小。2001 年度以后连续 4 年，事业总收益持续减少。

另外，事业管理费减少了 2.6% 达到 1 兆 8 827 亿日元，其中人事费用减少了 3.3% 达到 1 兆 3 264 亿日元，占减少额的一半以上。事业总利润的减少数额超过了事业管理费的减少额，因此事业利润也减少了 40 亿日元（减少 2.8%）达到 1 376 亿日元。事业管理费比率（事

① 可分析农协收益性的指标，公式为：事业管理费 ×100 ÷ 事业总收益，这个数字超过 100 就表示事业亏损。

业管理费/事业总利润）平稳发展，为93.2%。

农协的事业总利润除1998年、2002年以外，1996年以后的事业总利润一直减少，与此相对，事业管理费的遏制在1999年以前基本上是由于职员数的减少所引起的。总职员人均事业管理费在1998年和1999年下降了。但是，2000年以后，总职员人均事业管理费得到很大的遏制，从这一点也能看出减量经营得到深化。2002年以后，总职员数的减少要因再次大幅增长而成为事业管理费下降的中心因素，对总职员人均事业管理费的控制也不断地影响事业利润/事业总利润这一比率的高涨。

2005年度农协的收支方面，虽然事业总利润持续减少了3年，但是因为事业管理费得到较好的遏制，所以事业利润、日常利润均出现增益。因为事业管理费的消减超过了事业总利润的减少，所以自90年代后半期以来一直在恶化的农协经营，在2001年度跌落谷底后开始逐渐回暖，2005年度已经是连续恢复的第4年。该年度出现损失的组合数占到15.5%（顶峰是1999年度的20.9%），且有些组合在收益回复的过程中，依然经营严峻。

概观1990年以后的农协经营，由于泡沫经济的崩溃，农业生产的缩小、农产品价格的低迷、农协事业量的下降等原因，农协诸事业整体业绩趋于减少，此倾向在90年代中期以后特别明显，据《综合农协统计表》统计，从1991年至2001年的农协事业年增减率的变化情况来看，增加的年份只有1991年、1994年和1995年三年。而且1990年和1995年的年增加率只有2%，从1995年至2001年，农协事业出现12%的减少量，农协事业总利润大幅度减少。

综上所述，进入90年代以来的日本农协呈现以下几个方面的特征：

第一，农协合并速度加快，农协会员结构的变化，即农协正会员人数减少及准会员人数增加幅度加大。就农协会员的人数来看，自农协开始合并以来，农协会员年年增加，于1998年达到顶峰。但由于经济高速增长所造成的农村结构变化等外部因素的影响，自1998年开始，农协会员逐年减少，之后，又由于农协准会员增长的幅度大于正会员减少的幅度，农协会员人数开始回升，并于2004年超过了1998年的最高峰。实际上，农协正会员减少、准会员增加是自20世纪80年代以来就存在的倾向，到21世纪幅度加大，2006年正会员所占比率为

53.0%，比2005年减少了1.1%，而准会员则比2005年增加了4.5%。

第二，农协个事业部门的事业量整体下滑，农协利润减少，经营赤字的农协增多。另外，农协通过减少职员人数来降低管理费，减少总职员数不仅遏制了事业管理费，且实现了收益性的恢复2000年度开始，总职员的人均事业管理费大幅减少，这种减量经营得到深化，经营利润实现了自2002年以来到2005年的连续3年的增加。

第三，随着农协的合并进展，将组合职员出身者的业务精通者录用为常务理事的情况也不断增加。

第三节　20世纪90年代后农协的变化及改革

一、20世纪90年代后农协的变化

1. 农协事业方面的变化

农协事业方面的变化除了前面所述事业量整体下滑外，还表现在事业范围的扩大方面，具体体现在看护保险事业的设立方面。

众所周知，战后经过经济的高速发展，日本农村发生了很大的变化，主要是农村劳动力减少及劳动力的高龄化，面对这种变化，日本农协对此也采取了“高龄化对策”。“高龄化对策”可分为以志愿者为中心的社会福利活动及作为“事业”内容的措施。

第一，需要看护高龄者对策——以志愿者为中心的活动。

在1970年第12次全国农协大会上，日本农协提出了《生活基本构想——农村生活的课题和农协的对策》的决议。其中指出“为了构筑一个安定和谐的农村生活必须完成的课题”之一就是“增进健康维持，提高老人福祉”。

1985年的17次全国农协大会《农协生活活动基本方针》决议中明确高龄者福祉活动为农协生活活动的基本方针，同时推出农协系统的高龄者对策是“充实高龄者生活”及“援助高龄者生活”的活动。随着农村劳动力的老龄化，需要看护的老年人增多，给农家女性及家庭带来了很大的负担，甚至影响到农业生产。农协针对此种状况，提出了“援助高龄者生活的活动”，具体做法是以农协的组合员或家庭为对象进行老年看护技术的培训，同时与市镇村联合致力于一些志愿者组

织活动。这种“高龄者看护技术培训”及“志愿者的组织化”已经作为一项活动成为“需要看护高龄者对策”的中心。

关于“高龄者技术培训”方面，1991年开始，由厚生省指定的家庭服务员培养研修活动获得农林水产省的资助在全国范围内开展，以农协的“女性部”为中心，到2005年年末，共有十一万五千多人（具体地说是115 475人）。关于志愿者活动组织化方面，为了推动以家庭服务员为中心的有偿支援者活动，“互助组织”的设置得以推进，截至2005年底，“互助组织数”达899个。

第二，作为“事业”开展的需要看护高龄者对策。

在1992年5月农协法的修改中，针对农村老龄化问题，附加了老人福利相关的事业，至此，农协的高龄者福利事业以法律的形式得以确立。伴随着该法的修改，当时的厚生省把农协定位于公共居家福利服务事业的委托者，农协可以接受来自市镇村的福利服务委托。

农协方也以接受公共机关的委托为中心，推动高龄者福利事业措施的制定和实施，在1994年的第20次全国农协大会决议中提出“于各自治体协议基础之上，有计划地实施公共家政服务员派遣事业的接收、访问供食、洗澡服务等活动”。只是，当时从事高龄者福利事业的农协比较少，1994年接受官方服务委托的农协全国只有5家，也就是说，在农协法改正之后，农协的高龄者对策是以家政服务员的培育、互助组织的设置等福利活动为中心的。

可是，社会保障制度在1995年以后发生了很多的变化。1995年“社呼保障制度审议会”之后，官方就看护保险制度导入问题的议论急剧开展，1997年成立了看护保险法，开始导入社会保险方式的服务利用，另外，以农协为首的广泛主体也可以参与居家服务业务。在此基础上，1997年的21次全国农协大会决议中提出“致力于高龄者福祉，积极地参与看护保险事业”作为“全国农业协同组合中央会”的新规事业。

1998年6月在全中理事会上，决定了“针对看护保险制度的团体方的具体策略”，开始着手准备农协加入看护保险的具体工作，主要有JA的推动体制的确立、高龄者福利计划的策定、看护保险学习活动的实施、与行政方的协议交涉、适宜与看护保险事业指定的体制整顿、JA和厚生连的协作等方面。随着对2000年4月开始的看护保险事业的加入，以家政服务员的培养和互助组织的设置等活动为中心的农协老龄者对策开始作为一项“事业”真正开展起来。

第三，高龄者福利事业的内容及开展情况。

现在的高龄者福利事业一直是自 1985 年“农协生活活动基本方针”以来两大支柱事业，一是对建康高龄者的生活充实活动，另一个是对需要看护的高龄者的生活援助活动（见图 5－2），其中 JA 高龄者福利事业活动又分为 JA 公共服务事业，高龄者生活支援和 JA 地区志愿者事业。具体涉及的事业内容分为“访问看护事业”、“通所看护事业”、“居家看护支援事业”、“福利用具借贷事业”、“访问入浴事业”。

“访问看护事业”是指为了让利用者及其家庭成员能有一个充实的高品质的生活，农协的家政服务员到利用者家里去访问，提供身体看护、家务事业援助等与生活相关的事业；“通所看护事业”是指以一些需要帮助和看护的高龄者为对象，用接送车接送到日常服务中心，对他们进行洗澡、吃饭、娱乐等机能训练的服务，需要注意的是这些利用者是被看护保险认定为需要帮助和照顾的高龄者；“居家看护支援事业”主要是指接受需要看护的老龄者的委托，帮助他们制定居家服务计划，同时以此计划为基础确保居家服务的提供与服务事业所联系等，另外，在利用者需要入所等情况下提供看护保险设施的介绍及其他方便的事业；“福利用具借贷事业”主要是指对利用者出租福利用具的事业；访问入浴事业主要是以需要照顾的高龄者或身体残疾的人为对象，提供上门帮助洗澡的服务事业，一般有装有专门洗澡用浴缸的入浴车上门拜访。

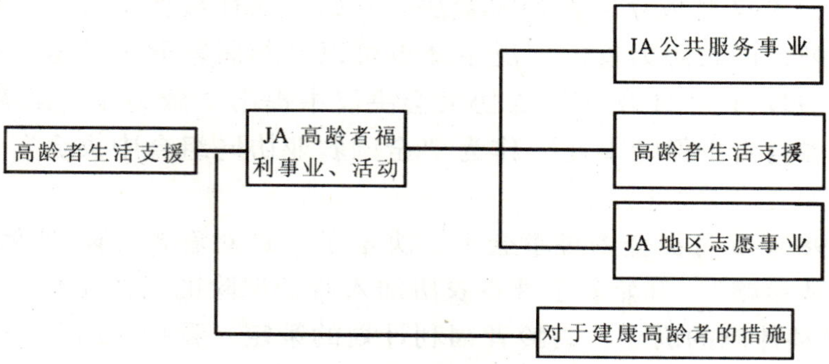

图 5－2　农协福利事业措施体系图

材料来源：http：//www. zenchu－ja. or. jp/profile/index7. html.

1998年从事老年福利事业的农协有249个，比上年增加了73个，占农协总数的14%，从中可以看出随着组合员高龄看护需求的高涨，农协更加积极地开展家庭服务员的培育工作，并且此措施得到广泛扩展开。到2006年被指定为看护保险事业者的农协数有356个，占农协总数的41.8%（据全中2006年4月份的统计显示该年度的农协数量有852个组合），其中访问看护事业有318个、通所看护事业106个、居家看护支援事业220个、福利用具借贷事业105个、访问入浴事业15个。从农协看护保险事业所设置情况来看，如表5-13所示，2000年有680个，2004年有904个，2005年有958个，2006年有1 065个，其中每年数量最多的是访问看护事业所，其次是几家看护支援事业，然后是福利用具借贷事业所、通所看护事业所及访问入浴事业所。

表5-13　农协看护保险事业所设置数量变化

年份	2000	2004	2005	2006	2007	2008	2009
访问看护事业	364	376	381	369	365	357	349
通所看护事业	60	109	133	145	153	158	165
居家看护支援事业	137	227	249	258	281	287	286
福利用具借贷事业	103	173	178	165	163	141	126
福利用具销售事业	–	–	–	112	134	124	114
访问入浴事业	16	19	17	16	16	17	17
看护保险事业农协数	680	904	958	1 065	1 112	1 084	1 057

材料来源：http：//www. zenchu – ja. or. jp/profile/index7. html.

注：各年度4月份统计数据。

由以上材料可以看出，日本农协的福利事业发展迅速，这说明福利事业具有很大的必要性，首先是地区居民的共同需求。随着日本高龄化社会的到来，处于高龄阶段的人们对高龄期的生活的丰富性、健康性的需求比较强烈，看护问题又是生活不安定的最大因素之一，而且因地区发展不平衡，看护保险制度的地区福利水平也有所不同，同时，由于战后经济的高速发展，农村结构发生了很大变化，农村中的"三强问题"① 比较严重，对老龄者的看护是亟待解决的问题，因而，

① 指"老爷爷、老太太和孩子"，类似于我国"三八、六一、九九"的说法，是对农村中多是老人和孩子这个社会问题的一个形象说法。

作为地区经济组织的农协所设立的高龄者福利事业非常适应社会及地方的需求。另一点是农协福利事业与农协组织基础的强化、经营基础的强化有很密切的联系。农协通过充分利用人的、组织的丰富资源，给利用者提供优良的服务，加强了地区居民对农协的信赖感，巩固了农协组织基础。

2. 农协政治地位的变化

日本农协作为农村、农民的团体组织，其组织机能一般认为有三个。第一个是经济团体的职能。农协有销售事业，把会员生产的农产物集中上市、销售，另外也有购买事业，主要是购买农药、化肥等农业生产资料，然后销售给会员。

第二个是行政机构的代行机构。农协协助政府完成一些政策的实施，这点在经济恢复期、经济高速增长时期及经济稳步发展时期表现得比较明显，如在战后经济恢复期，由于是战后初期，物资极其匮乏，政府采取物资统制政策，几乎对所有的生活物资进行统购统销，而这种政策的实施机构主要是农协，当时农产品的收购及生活物资配给基本上是通过农协来实现的。在经济高速发展时期，“有选择性的农产品扩大”政策的实施，也是农协协助进行的，政府的补助金几乎都是通过农协发放给农民。在经济稳步发展时期，协助政府实施“减反政策”。为此，农协常被称为“第二政府机关”。

第三个是政治方面的压力团体机能。农协把农民的要求向政府部门反馈，主要表现在一些农业保护策略方面，如在经济稳步发展时期针对政府的“减反政策”所开展的条件斗争等。另外由于农村中几乎所有的农户都加入了农协，可以说是世界上绝无仅有的组织率达到100%的组织，因而农协作为优良的“票田”发挥了其政治势力。

鉴于以上三种职能，农协又常被称为“三张脸”：一张是压力团体，一张是经济团体，另外一张是高组织率的互助团体。但不管如何称呼，从以上三方面充分反映了农协的政治势力及地位，可以说其政治地位几乎是不可代替的，但到了90年代中期后，日本农协的政治地位发生了很大的变化。这点从新旧农业基本法中的不同点就可以看出。

在旧基本法中的第五条“农业从事者等努力的促进”中，为了达到法律目的，国家和地方自治团体在采取措施时，要“以促进与农业从事者或农业相关的农业团体的自身努力为宗旨”，规定了在实现政策目标方面，农业从事者和农业团体的自主性努力所具有的重要性。另外，农协在流通、加工等事业方面的改善（第12条）、农协的共同利用设施的设置及农作业的共同化（第17条）、农协的农地信托（第18条）等直接规定了农协事业的整顿与改善。再有第24条中，清楚记载了“与农业相关的团体整顿”。可见，在旧基本法中明确了农协所处的地位。

与旧的基本法不同，在新基本法的条文中涉及农协等农民团体的内容仅有两条，首先比较醒目的是以“团体再编整顿”为题的第三十八条，在该条文中指出“为了国家基本理念①的实现，有必要采取措施对与粮食、农业及农村等相关团体进行有效的改组整顿”，直接提及了团体改组事宜。另外一条是以“农业者等的努力”为题的第九条，在该条文中，农业者及相关农业团体，进行农业及与之相关的活动之际，要努力主动对待以便实现基本理念。另外，与具体事业相关的条文当中并没有见到与农协相关的字眼。可见，从新旧农协法比较中可以看出农协的地位略有降低。

导致农协政治力低下的原因主要有以下几点：一是旧粮食管理法的废除，新粮食法的制定，使农产品流通自由化，造成农协支配力的下降。二是由于对农协农村公共事业的批评兴盛，因政治力而产生的利益诱导难以实施。三是农村人口减少，行使其政治力的可能性减小。

总之，20世纪90年代以后日本农协的变化大致有四点：第一是农协职员减少。农协职员在1993年达到历史最高峰30.1万人，之后人数开始减少。第二是单位农协合并加速。第三，农协事业量缩小及其事业范围扩大。第四，农协政治地位下降。

二、对农协的批判

1. 经济高速发展时期对农协“经营主义”的批判

对农协的批判可以说自农协建立之初就已开始，对当时可以说一夜间成立的农协提出是农业会“招牌的改变”。到20世纪60年代进入经济高速发展时期，这时对农协的批判是“经营主义”，所谓“经营主义”是指“比起农家经营优先考虑农协经营的农协运作态度”，从这种

① 这里所提起的“基本理念”是指粮食的稳定供给、农业的持续发展及农村的振兴等理念。

意思出发，“经营主义”就成了批评农协的一个套语。在经济高速增长时期，在“经营主义”引领下的农协事业的扩大有很多问题，也因而兴起了“农协商社化、银行化、保险公司化”等对农协的批判。

2. 经济稳步发展时期对农协批判的加剧

日本农协进入经济稳步发展阶段后，各部门的经济事业量虽然仍有一定的增长，但是此时期日本农协面临的一个重要问题就是自身经营恶化问题日益严重。造成经营恶化的原因有两点：一是外部客观条件的变化，即由农业生产停滞、农外收入所得增长缓慢、金融环境变化等引起的事业收益的恶化。二是信用贷款回收困难、购买店铺的扩张等引起的经营赤字。而这种情况的产生可以说是由日本农协自经济高速发展以来奉行的“经营主义”所引导下的事业扩大路线的直接结果。也因此使人们对日本农协的批评加剧。

其中突出的就是对农协“离农”做法的批评。由于日本农协“经营主义”事业的开展，使农协越来越脱离会员的要求。会员是农协的组织基础，要想扩大事业规模，就必须增加会员的数量，而自经济高速发展以来，农户数越来越少，所以随着农协事业的推进，农协加深了向员外利用的倾斜。这种农协“离农”做法引起了对农业要求较强烈的专业农户及大规模农户等会员的反对。

3. 近年来对农协的批判

粮食问题一直都是世界各国极其重视的一个重要课题，日本也不例外。从战后经济恢复时期的粮食克服、经济高速发展时期的经济结构调整到现在的粮食安全等都是围绕粮食问题开展。其间，农协在各个时期也发挥了不小的作用，但近年来，从农业生产结构的观点出发，有一部分学者对农协的存在持否定态度。

农协批评的风潮起源于 2002 年 11 月的经济财政咨询会议和同年 12 月的综合规章制度改革第二次报告会。在综合规章制度改革第二次报告会上，对农协的批判论点纷涌而出，主要有以下几种主张和论点：

第一，关于农业结构改革和农协的关系的论点。关于这点，一方面有人从农协的内部结构出发，认为农协是一人一票制；而农协的多数会员是零散的兼业农家，少数农业经营的骨干被阻挡在农协经营之外，从这点出发，认为农协是结构改革的障碍。其代表人物有经济产业研究所上席研究员山下一仁，他指出“农协是农业结构改革的一个重要障碍”，并提议设立以稻米为主要产业的农户构成的专门农协。另一方面是从围绕农协竞争环境的观点出发，认为农协在地方上具有独占地位，因而妨碍了由大规模农家组成的自由合作组织的设立，从而阻碍了农业结构改革。这一观点的代表人物是明治学院大学教授神门善久，他指出“农协是一个为了维护传统农业而违反市场原理的组织”，并主张设立和开展非JA型农协。

第二，农协的农政活动和行政的关系。农协一贯反对农业结构改革，通过提高米价保护了零散兼业农家。农协是继承农业会的衣钵发展起来的，是行政政策的承担机关，是上意下达的组织，其作用只不过是维系了农林行政和政治家的关系，保护了逐渐崩溃的传统农业农村结构及维持了其“票田”的地位。与一般企业相比较，农政给予农协更大的优待，比如说补助金政策等，这种做法破坏了市场竞争。

第三，农协的综合事业性及对农协事业综合经营的批判。农协一直靠信用、共济事业的利润来填补经济事业的赤字，这一方面导致了经营的不透明性，另一方面还通过提供廉价的生产资料保护了零散农家。农协至少应该使农协各个部门收益透明化，甚至提出为了反映专业农家的声音，使信用、共济事业分离，纯化农业相关的经济事业。

第四，农协的组合员制度与组合经营。因为农协是一人一票制，所以农协经营反映了占会员绝大多数的兼业农家的心声，不能反映少数专业农家的心声。一人一票制在农户规模均衡的时代还比较合理，但在现代会员多样化的情况下阻碍了企业农户的育成。

关于以上对农协的批评，有持肯定态度的，也有持反对意见的。持肯定态度的有上文所提到的山下一仁和神门善久，持反对意见的学者们从历史学的观点出发，分析了农协的作用，肯定了其存在的价值。

三、农协改革

给农协的组织、事业、经营带来影响的环境变化，从经济及组织上来看主要有三点：①经济的长期不景气及通货膨胀的发生给农协各事业面、经营面带来非常严峻的考验。贩卖事业方面，由于农产品进口量的急增、价格的低迷，农协事业的销售额出现减少倾向。购买事业方面，由于一些销售店和专门店向农村的渗透，价格竞争比较激烈，使农协的生产及生活资料及店铺购买事业出现不振。信用事业方面，在金融体系的改革下，由于个人金融市场的竞争激烈，使农协信用收益低下。②金融业方面规制的缓和或者说金融的自由化使农协的利益结构从“信用、共济依赖体制”向“共济依赖体制”转化。1990年以后，受金融系统改革及金融业规制缓和的影响，农协信用事业收益低下极其明显，因此，原来“信用、共济依赖体制”向“共济依赖体制”转化。③从事农业者的高龄化、减少、多样化及数量减少和准会员的增加，特别是与农协关系比较密切的老一代会员的退休，新会员的农协意识的淡化，从量上和质上导致农协组织和事业基础的弱化。

另外，在第23次全国农协大会的“大会议案”中，也提到经济事业改革的背景，指出了两点：一是在农产物销售市场、生产资料的生产和流通及生活相关事业的环境变化中，之前的经济事业体系是农协竞争力不断降低、农协会员脱离农协及对农协批判的一个主要原因。二是由于金融部门的环境变化，依赖信用、保险事业收益的经营出现困难，如果不进行包括经济事业在内的收支改善政策的话，也就很难发挥农协综合事业体制的机能。同时，在该议案的“经济事业改革指针”中总结有以下五点：①农协事业收支的恶化；②假包装、无注册农药问题引起的农协信赖的丧失；③农场产品销售市场及购买事业竞争环境的急剧变化；④伴随统合联合的组成的优势发挥、一体经营的不充分；⑤经济财政咨询会议及综合规章制度改革会议上对农协的批判等等。

总之，在外部环境变化及内部经营恶化等背景下，农协为了适应新的环境，改善自身经营状况，在经济事业及体制方面不断进行改革。

1. 农协经济事业方面的改革

在2003年10月第23次JA全国大会决议中提出的四个重点实施的项目：①安全、放心农产品的提供及地区农业的振兴；②响应会员需求的农协经济事业改革；③经营的健全性；④组织基础的扩充及地区经济的活跃。

日本农协的经济事业改革可以说是始于其中的第②点，即响应会员需求的农协经济事业改革。在农协经营整体不善，特别是金融事业收益低下的基础上，决议中指出“由于金融部门方面的环境变化，使农协经营对信用、共济部门的依赖产生一定的困难，如果不谋取收支改善策略的话，作为综合事业体制的农协发挥作用就相当困难”，强调了农协的危机感。

2003年12月，为了使经济事业改革具体化，制定了“经济事业改革方针”，方针中制订了事业目标和财务目标。在事业目标中主要有：①营农指导功能的强化；②对与消费者近距离接触的销售战略的再认识；③让生产者特别是主要农业生产的中坚者切实感觉到生产材料价格的下降；④基础型事业等的收支改善和竞争力强化；⑤CE[①]等共同利用设施的经营改善。特别是关于其中的②③④项，改革本部在制订农协、全农和经济联的年度操作计划的同时，还通过实施进步管理来促进改革的进展。

第一，对与消费者近距离接触的销售战略的再认识。

主要从两方面来实现该目标，一方面，确立让消费者信赖的“农协品牌”。为了确立让消费者信赖的“农协品牌”，农协采取设置一些“直售店”[②]、开展生产过程记录运动[③]、配置质量管理负责人、设立消费者咨询窗口等一系列措施，并强化农协对大米的生产和经营。到2006年80%的农协设立了“直售店”，100%的农协实施了生产过程记录运动，另外掌握质量管理负责人的配置及消费者咨询窗口的设置也相应完成了。另一方面，通过“农协品牌”，扩大对实际需求者的直接销售。2003年度，基层农协在各地区实施直接销售方式、设置生产销售专员，而全国农业协同组合联合会的目标则是在谷物、蔬菜和水果等消费量大的地区设置和扩充直接销售据点，与基层农协的生产销售企划员合作强化“农协品牌”产品的直接销售。

总之，农协在经济事业改革中对销售事业方面的改革主要集中在下面几点：

其一，设立“直售店”，缩短销售渠道。尽量减少销售渠道，采用

① 指的是日本农村中融储藏、加工与一体的大型仓库。一般是由农协所建造，供会员利用。

② 所谓直售是指不经批发商、市场直接卖给消费者的销售方式，而以这种方式经营的店铺就叫“直售店”。

③ 即记录和管理生产者在生产过程中农药、化肥的使用情况，确保产品中化肥、农药的用量，保证农产品的安全、可靠。

生产者和消费者直接买卖的“直接销售”模式。销售方式主要是农协设立“直售店”，农民把生产的农产品带到那里去销售。这种方式具有价格便宜、量多、新鲜且有乡村特色等特点，其中新鲜是最重要的特点。可以说这种方式是一种“与消费者的直接对话”，避免了中介阶段储存时添加剂的加入，使消费者买得放心。

其二，重视农产品的安全性，开展生产过程记录运动。战后日本经济的高速发展，造成农药、化肥用量过大，食品安全问题日益严重，为了使消费者对农产品放心，农协开展生产过程记录运动，记录和管理生产者在生产过程中农药、化肥的使用情况，确保农产品中化肥、农药的使用量，保证农产品的安全性、可靠性。

其三，农产品销售的转型。原来的农产品销售只是单纯地把农民生产出来的农产品拿到市场上进行销售，现在主要是从市场需求出发，即以消费者的需求为基础，指导生产者根据市场需求生产农产品。

第二，让生产者特别是主要农业生产的中坚者切实感觉到生产材料价格的下降。

关于该项措施，在方针中指出，基层农协在实施物流合理化的同时，对所管辖地区相互竞争的产品进行价格调查，并根据价格调查设定适合农民的具有弹性的价格。另外，针对农业生产的中坚者或集团设定一个统一购入条件。而经济联和全农则针对相互竞争的产品，在不同地区设定不同的价格，还进行大笔需求者规格的开发和普及。另外，基层农协、经济联及全农指定农业生产骨干，并面向这些生产骨干，实践事业体制整顿和事业对策。此外，又规定在实施上述措施时，应将其作为整个农协体系的措施，与相关联合会协作实施。

第三，基础型事业等的收支改善和竞争力强化。

所谓基础型事业主要是指物流、加油站、汽车、超市等事业。近年来，随着国家政策的放开（即规制缓和），一些商店也开始进入农村市场，使农协也不得不参与市场竞争，因而农协的这些基础型事业多数都处于赤字状态。面对这种状况，农协为了改善这些事业的收支及强化竞争力，对这类事业进行了改革。改革的方向主要是使这些基础型事业转向公司管理或者是公司化。

2. 农协经营体制方面的改革

在农协经营体制改革方面，农协主要是通过自身的合并来减少管理成本从而实现经营利益的提高。农协合并自20世纪60年代起就已经开始，如果说六七十年代的合并是为了对“杂而乱”的农协进行整理的话，那么90年代后的农协合并则是一次针对新形势改善经营恶化情况的体制强化运动。

第一，合并过程及原因。

农协合并可以分为两个阶段，第一个阶段是区域上的横向合并，即把不同地区的、规模较小的农协进行合并，这种合并方式是自20世纪60年代以来就使用的方式，而且也取得了很大的成果。

第二阶段是纵向的或者说是垂直方式的合并，即同一农协系统内部的合并。众所周知，日本农协是市镇村——都道府县——全国的三阶段组织，农协系统的三阶段组织在昭和初期完成，20世纪50年代后期确立了其事业方式并一直沿用到现在。其间，经济环境发生了很大变化，农协组织会员的经济特点也发生了很大变化。在此情况下，系统组织很难维持长期以来的同一系统组织形态，就有必要对现有的组织形态进行改革以适应新环境变化。

于是，1991年1月的第19次全国农协大会，对原来的阶段组织体系进行分析、研究，制定向“广域合并农协”及“作为补助组织的系统联合组织的二阶段体系”转换的改革构想。

接着该年度3月的全中会长的咨询机关综合审议会，针对两点进行了答申，第一点是系统农协组织整顿的未来方向及实施方案，第二点是为农协及联合会的事业功能的扩充和经营管理的强化，对相关法制进行改革的对策。该次审议会决定，在促进农协合并的同时，原则上，各事业也采用事业二阶段方式，组织的二阶段是组织整顿的未来方向，根据事业、地区的实际情况组成简单的县级组织和广范围的联合组织。

1994年的第20次全国农协大会通过了事业组织二阶段的决议；1996年制定了《农林中央金库和信用联合会合并的相关法律》，简称统合法；1997年开始有三个经济联和全农合并，自此开始，农协的县级阶段的联合会陆续与全国组织阶段进行合并。详见表5-14。

日本农协合并的主要原因，可概括为以下几个方面（特别是进入1980年以后）：一是日本农业及农村所处环境的不断变化。日本农业在与体制接轨之后，日本农产品市场的开放，相应地使国内地区之间、主产区之间，甚至农协之间、个别经营者之间，都引入市场竞争机制，迎来了开展全面竞争的时代。零散小规模农协在经营上的不稳定性等弊端日益显现出来。二是农村人口、务农劳动者的减少，农业经营者的老龄化，农业后继乏人，还有农民收入的减少、农业的兼业化、农畜产品价格的低落等，均带来了农民农业生产积极性的低落，出现了弃农现象以及农业生产水平的全面性下降。为了适应农业发展新形势，有必要对农协进行改革。三是对农协自身来说，销售业务的停滞不前、金融自由化的扩大带来的信用业务的收益低下，还有农协收支恶化导致农协整体收益的下降。

表 5－14　农协改革的过程

年份	农协改革措施	农协数
1988	第 18 次全国农协大会决议，制定了农协合并 1 000 个目标的构想。	3 898
1991	第 19 次全国农协大会决议，制定了事业二阶段制。	3 373
1994	第 20 次全国农协大会决议，制定了事业组织二阶段。	2 635
1996	引入经营管理委员会制度，制定《农林中央金库和信用农协联合会合并的相关法律》，简称统合法。	2 285
1997	有 3 个经济联和全农合并。	2 006
2000	全都道府县共济联和全共济联合并；有 3 个经济联与全农合并（累计 6 个经济联合并完毕）。	1 347
2001	21 个经济联和全农合并，（累计 27 个经济联合并完毕）。《农林中央金库及特定农业协同组合等的信用事业的再编及强化的相关法律》即 JA 农协银行法成立；JA 银行体系及 JA 银行支援协会产。	1 181
2002	2 个信联和农林中金合并；6 个经济联和全农合并（累计 33 个经济联合并完毕）。	1 039
2003	4 个信联和农林中金合并（累计 6 信联合并完毕）；2 个经济联和全农合并（累计 35 个经济联合并完毕）；第 23 次全国农协大会决议，决定农协经济事业改革的目标及方向。	952
2004	3 个信联和农林中金合并（累计 9 个信联合并完毕）；1 个经济联和全农合并（累计 36 个经济联合并完毕）。	929
2005	3 个信联统合。	901

因此，种种因素使农协有必要不断强化经营素质，从组织上进行改革。另外，通过农协合并，扩大农协的组织规模，从而使各种设施和事业得到重组并达到合理化，事业规模的扩大还可确保农协获得优秀人才和培养新人才，可以促进管理体制的改善。也就是说，通过农协合并，使农协的组合员所期待的那种事业体制得到强化，也使合作

运动固有的那种组织得到完善。

第二，农协合并的效果及评价。

通过广域的农协合并，提高了农协会员的服务机能，使事业的效率化、竞争力的强化成为可能。截至2006年1月全国农协数为872个组合。另外农协在确保一定规模的优越性的同时，为了事业机能的高度发挥还进行必要的体制整顿。对农协的合并效果及评价有如下几点：①确保农协机能发挥及专门性的前提条件，提高劳动生产性。②通过分所、分店、设施机能的再构建使事业管理费的抑制成为可能。③经营不善问题得到改善，只是，小规模财政基础比较薄弱的农协未能得到消除，今后将继续此课题研究。④在营农振兴等相关的企划机构、监察部门、贷出审查部门等的独立性确保方面，发挥农协规模的优势。⑤另外，由于农协合并，大型合并农协的业务执行体制、经营管理等方面的课题还有很多。总之，农协通过合并取得了一定的成果，同时也存在着一定的问题。

第六章　日本农协对我国建立专业合作经济组织的启示

从战后日本农协的发展变化来看，其发展过程可以说经历了战后的初步确立，完善、经济高度增长及经济稳定发展期的巩固，20 世纪 90 年代以来的改革期等几个时期，经过几个时期的发展，日本农协形成了自己的特征，且在国际上也具有一定的影响力。日本农协虽然仍存在一定的问题和受到一些批评，但是战后日本农协对日本经济的恢复及经济的高速发展起着不可代替的作用。随着国内国际环境的变化，日本农协虽面临着重大挑战，但在新时期的重要性仍然不可忽视。

第一节　日本农协的基本特征及作用

一、日本农协的基本特征

日本农协与欧美国家农协相比具有其自身的特点。这些特点可以说在战前的产业组合时代已经基本形成，但在现行的日本农协中这些特点更为突出，具体地说有以下四种特征：

1. 日本农协具有地域性和全民加入的特征

欧美国家专门农协的组织成员根据其需要可以同时加盟几个农协，日本农协的组织成员原则上要求是当地的农民，也就是说同一地域的农民只加入当地的农协，一个地区的农户加入该地区以外的农协是极其例外的事情。从加入农户数来看，可谓是农户全动员，即加入农协的农户约占 100%。全民加入及地域性特征是现行日本农协从其前身农业会继承下来的体制，只不过农业会是从法律上强制要求农户加入，而战后的日本农协法中并没有强制要求农户加入，但“全民加入”这种体制却持续下来。正是因为有这种体制的存在，才体现了日本农协强有力的政治和经济实力。由于地区所有农户的加入，增加了日本农协的政治和经济实力；也正因为农协有了政治和经济实力，农民才会加入。

组合员作为农协的基本构成单位有正组合员和准组合员之分，正组合员是以农业者为对象，准组合员以非农业者为对象。准组合员在农协总会上没有决议权及组合长选举的选举权和被选举权等，与农协经营相关的权力也受到限制。

2. 事业内容的广泛性，即综合性特征

日本农协第二个特征是极其广泛的事业内容，即我国所通称的综合性特征。而且在不同地区的农协间“无差别”意识比较强烈，也就是说不管在哪个地区，农协经营的内容都大致相同，极其相似。欧美的农协经营内容主要是限定在农产品的销售及生产资料的购买，重点是放在经济事业上，以专门农协为中心，同时一个地区内有多种多样的农协并存。而日本农协与欧美的农协相比，更具有广泛性的特征。

日本农协事业从大范围可分为营农相关事业、金融事业及非营农相关事业三种。营农相关事业是指农产品的上市及销售、生产资料的购买、农业经营指导等与农业有密切关系的事业；金融事业是指银行业（农协称为信用事业）、生命保险和损害保险（农协通称共济事业）；非营农相关的事业是指超市、旅行代理业、婚葬礼仪、加油站等与农产品直接关联的事业，涉及领域相当广泛。详细划分的话，可以分为信用、购买、指导、保险、医疗、旅游、婚葬礼仪、超市等农业生产和日常生活各方面的经营。

日本农协事业的广泛性对于零散稻作农户很具吸引力，大多数稻作农户要么是高龄者，要么是工薪兼业者，从事农业生产的时间不太充裕。如果利用农协，就可以解决肥料、农药、农业机械、燃料等各种生产资料的购买，很适用于这些零散耕作农户，而且农业机械的购买资金既可以从农协借贷，农产品的销售资金也可以利用农协在农协信用事业的户头里结算。通过利用农协的共同利用设施（育苗系统、农作物的干燥设施等），可以大幅度节省农作时间。农业指导员也是零散稻作农户得力的伙伴，他们在农业生产方面给予生产技术指导，甚至也兼做肥料的分发、递送，很受零散稻作农户的欢迎。另外，农协不仅从事农业方面的业务，而且也从事生活消费、资金运用方面的业务，因而农户大多数问题都可在农协解决。当然，农户利用农协并不是强制性的，所以利用其他机构的情况也是不可避免的。但一般来说，只要不是大规模的农业经营，即使价格稍微贵点，利用农协还是比较方便、轻松的。

在农协广泛的事业活动中，比较值得注意的是信用事业和共济事业。1990年以前，在金融业界农协受到过度的控制和保护，甚至被讽喻成“护送船团方式”。承认农协的信用事业及共济事业等于是给予农协确保利益的机会。

除信用、共济事业以外，农协还被给予其他各种各样的特权。在旧粮食管理体制下，农协独占粮食购销地位就是其中一个例子。既能从国库获取手续费，又能通过把农户稻米的销售货款汇入农协存款户头，不费吹灰之力而实现存款的集中。另外，在肥料、饲料等销售方面，农协也独占鳌头。

这样，通过上述事业方式，日本农协不仅将农业经营甚至是农户的资产状况、家庭情况等信息全部纳入囊中，这对作为农协收益源泉的信用及共济事业发挥了很大的作用①，而且为农协的政治活动及行政支援活动也提供了便利。

3. 自上而下金字塔式的组织结构

农协的第三个特征是从基层阶段到全国阶段的金字塔式的组织结构。在末端组织即市镇村阶段，组合员加入的农协一般被称为单位农协，农民如果单纯称呼“组合”或“JA”时，多数是指单位农协。以单位农协为会员组成都道府县级阶段的上层团体即都道府县联合会及都道府县中央会，以都道府县联合会及都道府县中央会为会员又构成全国阶段的上层团体称为全国联合会及全国中央会。中央会管辖农政活动、单位农协的经营指导等组织活动，各都道府县设立一个。全国中央会被称为JA全中，其农政活动经常出现在大众媒体上。联合会根据主要事业区分，在都道府县阶段有管辖信用事业的信用事业联合会、管辖购买、销售事业的农协经济联合会等，在全国阶段也有农林中金、全农等联合会。

① 针对农协的存款及共济的劝诱彻底性曾有所评论。比如说农协职员走家串户，对农户诉说义理人情，进行劝诱，说服农户存款及投保等。

自1997年以后，都道府县阶段的农协渐渐与全国阶段农协合并，由原来的三级阶段组织向二级阶段组织推进。最典型的是共济事业，以前在都道府县阶段设有JA共济联，全国阶段设有JA全供联，2000年都道府县阶段的共济联并到全供联。此外，JA全农渐渐吸收、合并JA经济联，农林中金吸收、合并JA信联。

4. 日本农协的行政辅助机构性质

第二章中提到，日本农协设立当初，GHQ强烈提倡的《农协法》的基本理念是“根据协同组合原则设立和经营农协”，而日本农协的行政辅助机构的特征与之大相径庭。从日本农协的发展变迁过程来看，日本农协这个特征的形成与战时日本农业会有着不可分割的联系。如第二章所述，日本农协如雨后春笋般在短时间内迅速设立，之所以能够如此迅速地设立是因为有战时农业会这个组织基础，战后农协继承了农业会的机能和财产，被称为“农业会招牌的改变”，如果从其字面意思来理解的话，就是说战后农协只不过是农业会招牌的改变而已，实质内容并没有改变。当然，战后日本农协与战时的农业会在性质上有着本质的区别，农业会是政府统制下的一种强制性团体组织，而战后农协则可以说是自由、民主的组织机构，只不过战后农协的“行政辅助机构”特征的形成可以说是源于农业会。

所谓“行政辅助机构”，实际上表达了农协与行政的一种相互关系，即农协在机能上辅助、支援行政，作为回报，行政又从政策及财政上支持、辅助农协。

二、农协所发挥的作用

在前面几章中已有所述，由于战后初期经济变动的影响，农协在设立之初有段时期经营出现恶化，后经过再建整顿，进入经济的高速发展时期后，农协各事业部门的事业量才得到大幅增长，经营也一度得到改善。农民收入有所增加，农民经济也获得稳定发展。

另外，在经济高速发展期，以重化工为中心的产业发展显著，所需劳动力也大幅增加，于是，大规模的农村劳动力从农村流出，集中到以东京、大阪、名古屋为中心的城市。因此，城市得到繁荣和发展，而农村却出现劳动力减少、农业就业者年龄老龄化等现象，使农村的生产及生活受到很大影响。与城市的商业、金融、医疗、福利、教育、娱乐、交通等各种较发达的生活必需服务业相比，农村由于地广人稀，各种提供服务的企业很少进入，医疗、福利等公共服务设施也跟不上。在这种情况下，为农民的农业生产及日常生活方面提供服务的就是农协，或者可以说日本农协是综合服务业。

农协的综合事业根据所经营的内容区分可以分为三种：第一是金融事业，有信用事业和共济事业。第二是与农业相关的事业，包括农产品销售事业、生产资料购买事业及营农指导事业。第三是与农业无直接关系的事业，包含医疗保险事业、高龄者服务事业、生活指导事业、旅游、教育等各种事业。

1. 农协的金融事业

农协的金融事业包括信用事业和农协共济事业（即保险事业）。这两者在农协综合事业中具有很重要的地位，由于农协经济事业的赤字经营，农协的维持几乎就靠这两个事业来弥补。就对农村、农民的作用来看，农协的信用事业对农民的营农活动和组合员（即地区住民）的生活提供了广泛的日常金融服务。在农业经营方面，农协信用事业对农产物货款的接受、生产材料等货款的支付及农业相关资金的借贷等，发挥了很重要的作用。如农协把农民的农产品销售后所得的货款可以直接打入农民在农协信用事业的户头里，农民购买生产资料所需货款也可以从户头里扣除，另外如果购买生产资料的资金不足，就可以从农协进行贷款，这就给农户的农业生产提供了很大的便利。在日常生活方面，农协为农民资金的转账、费用的缴纳、房贷及信用卡的利用等等，提供了与银行同样的服务。

农协的共济事业（即保险事业）的事业范围比较广泛，包括生命保险、养老金保险、建筑物更新保险（即住宅保险）、汽车保险和农业机构、设施保险。

日本是个多地震、台风的国家，所以相应的火灾等发生的频率也比较高，因而在农协保险类别中建筑物更新保险的范围异常广泛，它对火灾、台风、地震、洪水等自然灾害所造成的房屋损害进行保险。1995 年的阪神、淡路大地震中，农协支付的保险金额达 1 189 亿日元，损害保险公司支付的保险金额是 783 亿日元；2004 年的新泻县中越地震时，农协支付的保险金额为 506 亿日元，损害保险公司支付的保险金额为 140 亿日元。农协支付的保险金额大大超过了损害保险公司的保险金额，可见，农协的保险业务对农协会员的灾害保障起到很大的作用。

2. 与农民农业生产相关的事业

农协与农业相关的事业一般包括销售、购买、营农指导等事业。这三种事业对农业生产的产前、产中、产后服务作出了很大的贡献。

销售事业是指农协把组合员生产的农产品统一销售的业务，一般采取统一销售共同计算的方式。此种业务根据市场信息预测市场行情，对价格不稳定的农产品进行有计划的生产，销售时尽量趁有利的价格销售，确保了农户有较稳定的收入。特别是近年来由于消费者对农产物的安全性要求的提高，农协与生协合作或农协采用对消费者直接销售的方式等，想方设法确保消费者的信赖。

农协的购买事业是指改变原来的由个别农民单独购买生产资料的做法，由农协代表农民统一组织各种农业生产资料供应的一种事业，是农协对农业生产过程或者说是农产品整个生产过程的直接参与。农协的购买事业可以对农民所需的生产资料通过统一的有计划的大量购买，确保比较稳定地向农民提供相对质优价廉的产品。只是近年来由于一些大型的购物中心向农村渗透，且售价比较便宜，给农协的购买事业带来很大的影响。针对这种环境的变化，如前一章所述，农协也进行了强有力的经济事业改革，努力通过消减物流经费来降低生产资料价格，同时，也致力于对环境影响相对较小的肥料、农药等的开发和使用。

农协的营农指导事业是指指导农民进行农业生产，不仅包含生产技术方面的指导，还包括地区农业的生产计划的制订、农业生产骨干的培育、环境保护型农业的推进等方面，促进了区域农业经营的确立及地区经济的活跃。

3. 与农业无直接关系的事业

这类事业一般指医疗保险事业、高龄者服务事业、生活指导事业、旅游、教育等与农民的日常生活密切相关的事业。

由于农村地广人稀，且老人、妇女、儿童居多，因而农村的医疗及老年人照看方面是个很大的问题。农协也对会员及地区居民提供医疗及保健服务。各县的厚生连经营的医院截止到 2004 年末全国有 122 家，59 家医疗所，病床数达 37 727 个床位，厚生连的医院半数以上都设立在人口未满5万人的地方。可见，农协对农村的医疗事业起到很大的作用。

另外，针对农村高龄化现象，农协又努力致力于高龄者福利事业。这点在前面有所论述，在此就不再赘言。

除此外还有生活指导事业（主要是致力于组合员，地区社会的生活改善及提高，其内容包括消费、家计、健康、文化娱乐等，范围极其广泛）、旅游业、文化教育事业等，给会员及地方居民度过丰富多彩的业余生活提供了多方面的服务。

综上所述，农协通过信用、销售、购买、营农指导等事业，对农业生产者的生产及销售、国民的粮食供给、地区农业的发展、农村地区环境的保护及地区经济、社会的活跃做出了很大的贡献。如，农协在2003年销售的农产品金额为4.7兆日元，占国内农业总产出额的50%，对国民的粮食供给发挥了很大的作用。同时还通过日常生活的服务事业给农民的健康、娱乐提供了良好的服务。

总之，农协通过其综合事业对日本的农业生产和农民生活发挥了很大的作用。首先，日本农协保护和巩固了农地改革的成果，保护了自耕农的利益，防止自耕农再次沦为佃农。从日本农协产生的历史背景来看，可以说日本农协是农地改革的直接产物，其内在联系可以从日本颁布的《农民解放令》的有关内容中看出。为防止农民再次沦为佃农，《农民解放令》明确规定农民以合理的利率可以利用的长期或短期的农业融资；保护农民免受加工业者和商业者的盘剥；安定农产品价格的手段；对农民普及技术和知识的计划；摆脱非农民势力的支配，奖励日本农民经济文化的农业协同组合运动。这些条文奠定了日本农协制度的基础。这些规定可以说是以保护战后自耕农为直接目的而诞生的，它们和《农地法》一起成了战后自耕农体制不可缺少的组成部分，而《农业协同组合法》则是战后自耕农体制的核心部分。农协通过信用、购买、指导等事业，给农民提供产前、产中、产后以及资金的调配等服务，巩固了自耕农体制，保护了自耕农的利益。

其次，农协帮助农民根据市场需求进行农产品的生产，摆脱盲目生产，使农业得到健康合理的发展。小规模的农户生产具有很大局限性，其中一点就是对市场需求不能做出及时反应，往往会出现盲目生产，导致农产品出现供大于求，价格过低，收入减少，造成人力物力的浪费。日本农协组合大都有农业指导员，这些农业指导员从不同方面对农业生产给予指导（见表6－1）。

表6－1　农业指导员在不同方面对农产业从事指导所占比率

年份	1998	1999	2000	2001	2002	2003	2004
耕种	23.8%	23.8%	24.5%	24.3%	23.5%	23.9%	24%
养蚕	0.9%	0.8%	0.7%	0.6%	0.5%	0.5%	0.5%
畜产	16.0%	15.4%	15.0%	14.5%	14.0%	14.1%	13.1%
蔬菜	26.6%	26.6%	27.5%	26.7%	27.5%	28.5%	29.7%
果树	11.6%	11.7%	11.6%	11.5%	11.5%	11.9%	11.6%
农家经营指导	10.0%	10.1%	9.7%	9.6%	9.7%	10.3%	10.2%
农业机械技术指导	2.9%	2.9%	2.8%	2.6%	2.1%	2.2%	2.0%
其他	8.0%	8.7%	8.3%	10.2%	11.2%	8.5%	8.8%

材料来源：日本农林水产省《综合农协统计表》。

从上表可以看出，农协的营农指导涉及的范围比较广，包括营农的计划开发，营农技术及营农指导，机械设施等共同利用设施的设置、管理和运营及对于农政及相关机关的辅助事业等。其中蔬菜、耕种所占的比率比较高，就2004年的情况来看，蔬菜占29.7%，耕种占24%，其次是畜产13.1%、果树11.6%、农家经营指导10.2%。

总而言之，农协通过营农指导事业引导农民进行计划生产，主要是给组织会员提供市场需求信息，包括提供品种、产品质量、数量、规格、标准等各个方面的市场要求，让农民根据市场需求来决定农产品的生产。同时，在生产过程中农协还通过营农指导事业给予农民技术和经营指导。在技术指导方面，农协与一些科研单位、农业改良普及所取得联系，开发和引进低成本、高效益的技术体系，推广各种实用农业技术，提高农产品的产量和质量。在经营指导方面，农协主要是帮助组织会员制订生产经营计划，为他们提供生产投入等方面的咨询。日本农民还通过农协的指导进行有计划的生产，把低成本的实用农业技术运用到生产经营当中去，既消除了市场供需矛盾又提高了农产品的产量和质量，提高了农民的收入，促进了农村经济的进一步发展。

再次，日本农协使农产品顺利进入市场流通，保障了农民的收入。农产品不同于其他产品，它受季节影响比较大，同一产品往往是同一时间上市，很难调节市场的供应量。另外，农户都是以户为单位的小规模经营，自己把产品带到市场销售，价格就很难保证稳定。所以，农产品生产相对容易，而销售难。对农民来说，只有农产品销售出去了，自己的劳动成果才能真正得到实现。日本农协通过贩卖业务把农民的农产品集中起来，按照统一的规格进行批量销售，既可以保证价格的稳定，又能保证农产品顺利进入市场，保障了农民的收入。

最后，农协还通过购买业务帮助农民统一购买生产资料，不但保证了生产的正常进行，而且大量的批发购买，降低了生产成本，避免了商人对农民的盘剥；通过信用服务来解决在困难时期缺乏资金的农民，帮助农民渡过难关；还在农村设立保险事业，建立医院，给农民的健康、生命安全提供了保障。

总之，农协有效组织了小规模经营的农民，使之变成一个强有力的组织，适应了竞争激烈、瞬息万变的市场经济，稳定和巩固了政权，促进了农村经济的发展。

第二节　日本农协发展对我国的启示

一、我国农民合作组织发展的现状

我国农村一直是自给自足的小农经济。改革开放以来，我国农村实行了以家庭联产承包为主的责任制，极大地调动了农民的生产积极性，使农业生产打破了人民公社时期生产停滞的局面。但到了20世纪80年代后期，农村的农业生产和所得又陷入低迷状态，与城市的差距日益加大，各种社会问题也呈表面化。

目前，我国有2.4亿多农户，1.24亿公顷耕地，户均经营规模只有0.5公顷左右，与日本的户均耕地面积1公顷相比规模更小。随着农业的市场化加快和“入世”后国际竞争的加剧，这种小规模的家庭经营获取市场信息难、无力采用新技术新装备、无法使农产品顺利流通等不足就很难适应市场的千变万化，因此家庭经营不是农产品流通过程中的高效组织形式。所以面对农业市场化、国际化的新形势，我国分散经营的农民如何尽可能地回避自然风险和市场风险，稳步走向市场、走出困境是一个值得思考的问题。而建立一个行之有效的农村经济合作组织就成为一件很重要的事情。我国农业经济中心的刘志仁先生曾描述过："农村中必要组织主体的弱小和欠缺不仅阻碍农业生产的发展、阻碍农村行政工作的顺利进行，而且还给农村社会治安带来不好的影响。弱小的农村组织不能保护农民的利益，农民阶层没有发言权，对农民政治地位的提高也产生了负面影响……如何通过农村组织把众多的单个农户同市场紧密结合起来成为一个至关重要的课题。"

20 世纪 90 年代中期以来，我国农民专业经济合作组织日趋活跃，但整体上规模较小，运行质量不高，市场应对能力不强，与市场经济发展要求相差甚远。

随着我国农业发展进程的加快，20 世纪 80 年代以来我国农村农民专业合作经济组织有了一定的发展。特别是 20 世纪 90 年代以来，我国农民专业合作经济组织发展迅速，取得了很大成绩。

1. 我国农民专业合作经济组织的现状

2005 年全国农民专业合作经济组织成员总数由 2004 年的 2 363 万户增加到 3 280 万户，增长 38.8%；占全国农户总数从 9.8% 上升到 13.5%，增长 3.7%。涉及领域也从以往的果蔬、畜牧、水产、林业，发展到农机服务、运输、粮油作物、水利建设、资源开发和手工业品生产等诸多方面。2006 年农民专业合作经济组织成员数为 3 878 万户，比上年增加 598 万户，占全国农户总数的 15.6%，比上年提高了 2.1 个百分点。就其业务方面来看，2006 年开展产加销综合服务的专业合作组织占总数的 44.5%，以技术信息服务为主的占 7.9%，以仓储为主的占 2.1%，开展其他服务的占 16.5%。2006 年全国农业专业合作组织经营服务盈余 325 亿元，其中将 22.5% 的盈余 73 亿元返还给成员，23% 的盈余 75 亿元用于股金分红，平均每个成员获得盈余返还和股金分红收入 381 元。农村专业合作经济组织在我国农业发展中发挥了很大的作用。

2. 我国政府政策及经济支持

2004 年，党中央、国务院制定了促进农民专业合作组织发展的政策措施。《中共中央国务院关于促进农民增加收入若干政策的意见》提出："从 2004 年起，中央和地方要安排专门资金，支持农民专业合作组织开展信息、技术、培训、质量标准与认证、市场营销等服务。"各级政府和有关部门认真贯彻中央文件精神，推进农民专业合作组织立法进程，指导农民专业合作组织规范发展，取得了良好成效。2005 年，财政部、农业部加大了对农民专业合作组织示范项目建设的扶持力度。各级政府和农业行政主管部门积极支持引导农民专业合作经济组织发展，努力提高农业组织化程度。

我国政府在经济上对农民专业合作组织也给予了大力的扶持。从 2004 年到 2005 年财政部和农业部为落实《中共中央国务院关于促进农民增加收入若干政策的意见》精神，安排专项资金支持农民专业合作组织示范点建设。2004 年农业部围绕 11 个优势农产品区域的主导产品及当地名特优产品，确立了 111 个农民专业合作组织示范点；财政部选定了 250 个农民专业合作组织试点。2005 年，农业部围绕我国优势农产品区域的主导产品及当地名特优产品建设，确立了 143 个农民专业合作组织示范点，同时确定北京、吉林、浙江、安徽、湖北、湖南、山东、河南、陕西、宁夏、四川和青岛等 12 个省、自治区、直辖市和计划单列市为农民专业合作组织建设试点；财政部支持了 450 个农民专业合作经济组织开展项目建设；各省、自治区、直辖市建立省级示范点 1 100个左右，促进了当地主导产业的发展，起到了引导农民专业合作经济组织规范发展的示范作用。

3. 法律的制定

借鉴日本等国外的经验，我国也启动了农民专业合作组织的立法进程。2004 年，《农民专业合作经济组织法》列入“十五”立法计划。立法工作由全国人民代表大会农业与农村委员会牵头组织，成立了法律起草领导小组和工作小组，农业部、财政部、中华全国供销合作总社等单位参加了立法调研和法律起草工作。2004 年底，《农民专业合作经济组织法》框架已经由全国人大农业与农村委员会讨论通过，法律条文的起草工作已正式开始。2004 年 11 月，浙江省人民代表大会通过了《浙江省农民专业合作社条例》，于 2005 年 1 月 1 日起施行。2005 年，全国人大农业与农村委员会将《农民专业合作经济组织法（征求意见稿）》向各省有关部门和专家征求意见，之后进行了多次修改。一些省、自治区、直辖市也开展了农民专业合作经济组织的立法调研工作，准备将农民专业合作经济组织条例列入人大立法计划。2006 年 10 月 31 日，第十届全国人大常委会第二十四次会议表决通过《中华人民共和国农民专业合作社法》（后简称《农民专业合作社法》，《合作社法》），这个与亿万农民密切相关的法律，将为我国农民专业合作经济组织的建立和发展提供法律依据，我国农民也将会用自己的法律来保护自己的合法权益。

二、日本农协对我国建立农村合作组织的借鉴意义

1. 日本农协成功的经验

在整个发展历史过程中，日本农协的发展并不是一帆风顺的，几乎是一直处于改革整顿状态，如建立初期时对农协经营不善的再建、整顿，经济高速发展时期的农协合并，直到现在的农协事业、组织的改革等。但是从整体上来说，日本农协的发展可以说是比较成功的。分析其成功的经验，我国学者们也归纳出不少，大致有以下几点：

第一，政府的支持。关于对该点的认识，曲国庆指出："政府依靠农协发展农业，通过农协落实国家有关农业各项发展计划和政策。因此，对农协实行优惠政策。一是给农协优惠于私人企业的政策，并以《农业协同组合法》体现和保护。二是凡是政府倡导的事业，由农协组织实施的，国家都有补助金。农户进行农艺改良也可以通过农协取得政府补助。"李咏涛、李东明认为："日本农协常被称为'半官半民，上官下民'的组织，实际上是指其所具有的两重性：在为日本农民提供综合服务的同时，作为政府多方扶助的经济组织，它又具有接受政府监督、协助政府实现政策目标的义务。"实际上也是说日本农协是政府扶持下的经济组织。中国农村合作经济赴日本农协研修团在《日本农协事业及其借鉴要点与建议》一文中也指出日本农协"有强有力的政策支持和扶持措施"，并举例说："《独占禁止法》不适用于农协，由此将农协从非法联合组织中豁免出来，对其正当的行业联合和增强市场竞争能力是大力支持，使农协的市场占有率达60%以上。在税收上农协比一般民间企业税赋低14%左右。对农协经营性和会员生产性共同利用设施建设（如大米仓库、烘干设备），政府给予50%补贴。在保险事业中，允许农协开展人寿保险和财产保险，而政府是不允许其他保险公司同时进行上述两种保险业务的。"从日本农协的发展过程来看，日本农协确实是在日本政府的扶持下成立及发展起来的。

第二，日本农协的综合事业体系。曲国庆指出："农协可从事凡是

与农民生产和生活有关的各项事业，从而达到内部的互补，以维持农协各项事业的发展。”

第三，国内的看法还有“强有力的法律保障”。回顾日本农协的历史，《农协法》的确给农协的存在提供了法律依据，自开始设立就是在《农协法》基础上进行设立的。

以上几点基本上是国内学者对日本农协成功的认识。除此之外，笔者认为还有两点不应忽视。

第一，稳固的组织基础。即使江户时期的民间金融组织不算，单从产业组合算起至农协在成立之初也具有近40年的组织基础，且战时产业组合与农会统合后的农业会可以说不管是从事业上还是从系统结构上已经初具战后农协的形态，只不过二者的性质特征不同罢了。也正因为如此，战后日本农协的成立才能够比较迅速地蜂拥而起。当然，也正因为如此，农协才被批评为是农业会“招牌的改变”。

第二，农协根据形势的变化不断作出适时的方针政策。农协自1952年以来，每三年就召开一次全国农协大会，针对其发展方向进行决议，如，在1970年以前农协一贯表明其方向是地区农业在建的课题，1970年召开的第12次全国农协大会开始其方向性的转换，在该次大会通过了两个决议，一个是倡导确立自主建设路线及强化综合力的“三年综合计划”；另一个是“生活基本构想”。再加上第11次全国农协大会通过的“推进农业基本构想”决议，从这些决议中可以看出，农协不仅注重农业生产方面还开始关注农民生活方面，开始两手抓，一手抓生产，一手抓生活。以后的农协，在强调振兴农业的同时，也渐渐强化生活、地区建设等方面的志向。1985年第17次大会通过了“农协生活活动基本方针”，1988年第18次大会通过了“魅力区域社会的创造”，1991年第19次大会通过了“以农业、农村振兴为基本前提下，建设我们舒适的村庄、城镇”，1994年第20次大会通过了“协同活动的强化及地区建设的推进”，2006年第24次大会通过了“为了实现与‘农’共存的世纪，建设‘食’和‘农’相结合的充满活力的农协”。从以上农协大会的决议可以看出，农协不断地根据农村形势的变化来改变自身的发展方向。不仅如此，还不断地根据形势来进行自身的改革，如农协合并，农协经济事业的改革及农协系统和事业三阶段向两阶段的变化等。尽管存在这样那样的批评，但是正是农协顺应时代潮流的决策及自身的改革，才使农协能够长时期存在下来且受到各国的关注及借鉴。

2. 日本农协对我国的启示

纵观日本农协发展的历史，日本农协的发展虽然也经历了各种各样的困难或承受了这样那样的批评，但无疑是非常成功的。我们知道，根据经营事业的内容，日本农协虽有专业和综合两种，但综合农协所处的地位是专业农协所不可比拟的，也正是日本的综合农协所显示的巨大作用，才吸引了世界各国人的目光，其中也包括我国。那么借鉴日本的经验，结合我国的实际情况，在我国设立合作社，就存在着一个疑问，那就是走专业路线还是走综合路线的问题。

针对这点我国学术界可以说有两种看法，一是日本综合农协的模式在我国行不通。代表者是王醒男，他认为："虽然中日两国的农村和农业在若干方面存有相似，但并不能说明农协模式在我国具备推广的条件，许多制约因素的存在，决定了目前这仅是一种难以实现的理论模式。"二是认为应该借鉴日本综合农协的经验，"在鼓励发展农民专业合作经济组织的同时，应当重视发展为农民提供综合服务的社区性合作经济组织"。

从日本农协的历史发展过程出发，结合我国的实际国情，笔者认为我国发展农村合作社应该注意以下几点：

第一，因地制宜，按需设立，避免盲目"跟风"。

我国目前农村地区的生产力发展水平还不高，且地区发展不平衡。在贫困落后的地区，仍然维持"靠天吃饭"的经营模式，而且在这些地区的农民多靠外出打工来挣钱维持家庭生计。如，笔者曾向山东省菏泽地区鄄城县东董楼村的村长做过调查，调查情况如下：该村农户数256户左右，总人数约1 000人，其中每年外出打工的人数约有三四百人，农村剩余的劳动力多数是老人、小孩和妇女。该村的农业生产为一年两季，春季是小麦，秋季多以花生、玉米、大豆、红薯为主，而生产的农产品是自给自足为主，偶有剩余才拿到市场上销售，且以秋季农产品为主。农业收入平均每亩六七百元，每户每年的农业收入也就两三千元左右，这些收入很难维持一家一年的生活，所以家庭收入以兼业收入为主，平均每年收入1万元左右。不过有一点值得注意，虽然大多数青壮年都外出打工，农村里剩下的都是老人、小孩和妇女，但是并没有耽误正常的农业生产，原因有这样三点：一是农业机械化的发展。农用三轮车的普及及联合收割机①的使用提高了生产效率。20世纪80年代该村还是以人力、畜力为主，90年代后开始使用机械耕作，现在整个村庄每家都是用拖拉机耕作，用联合收割机收割②。二是化肥、农药的使用也缩短了劳动时间。没有化肥的时候，农户多用牲畜粪肥、庄稼秸秆沤积肥等作为肥料，这些肥料的制作也需要一定的劳动时间。农药特别是除草剂的使用大大减轻了劳动强度。以前都是人力除草，每亩田要耗费一两天的时间来除草，且从幼苗的长出到收割中间除草不止一次，而使用除草剂则简单省时。三是外出打工者多数在农忙时节赶回家收割、播种农作物。

该村的以上这些状况在全国范围内虽不具有普遍性，但却反映了该地区的大致情况。从这些情况来看，目前并不适合设立合作社或者说即使设立了合作社也很难维持下去：一是因为农户多是自给自足，剩余的农产品多是自己到镇上的市场销售或卖给下乡的小商贩；二是因为农民们的合作社思想意识还比较淡薄。虽然国家于2006年颁布了《农民专业合作社法》，国家也进行了一定的宣传，但该村村长对此情况并不了解，可以说是一无所知，几乎100%的农户都不知道《农民专业合作社法》和专业合作社的情况。可见，在这些地区暂时还不具备设立合作社的条件，因而还不宜设立。

相反，在一些农村经济比较发达的地方，则很有必要设立合作社。如山东省栖霞市。栖霞市的苹果种植面积和产量位居山东省第一，在该市有个中国最大的苹果批发市场——蛇窝泊批发市场。从图6－1所示的山东省栖霞是苹果流通途径来看，苹果生产的销售途径有三种，一是通过销售团体直接进入消费地的批发市场或零售店，二是直接进入中小市场再经由消费地的中介商进入消费市场，三是经产地中介商进入市场。其中值得注意的是第一种途径中的销售团体所起的作用，销售团体多是农户因“资金不足、劳动力不足、经营风险”自发结成

① 虽然使用联合收割机，但该村并没有一台联合收割机，每到小麦收获季节拥有联合收割机的人走村串户，靠给农户收割庄稼挣钱。

② 但秋季农作物如玉米、花生、红薯多数靠人力完成收获，玉米的脱粒、花生的脱壳多用加工机械。

的销售团体。另外，“在中国因从生产到销售的过程极其复杂，需要更多的流通机能，个人生产者很难兼顾生产和消费”，再加上“自1996年起进入生产过剩期，产生了销售难等问题促使了这种销售团体的产生”。近年来，由苹果经销商设立的专业合作社相继产生，并取得了很大的发展，“由此可以推测这种小规模的处于萌芽状态的销售团体为了获得利益，设立大规模销售组织的可能性很大”。

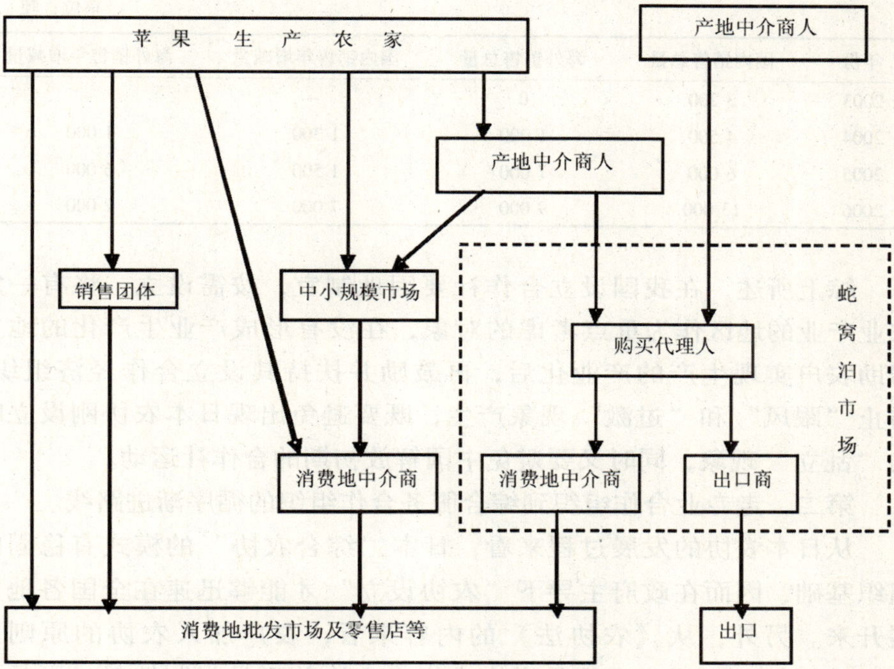

图6－1　山东省栖霞市苹果流通途径

另外，有些地方也已经存在一些合作社，且发挥了一定的作用。如位于大连瓦房店市许家屯镇东马屯村的东马屯苹果协会，该协会成立于2003年，成立至今在营农指导、生产资料供给、苹果销售、地区建设等方面发挥了很大的作用。在营农指导方面，每年定期从沈阳农业大学及辽宁省果树研究所聘请专家向农民提供技术指导并向果农免费发放生产技术资料，另外，在病虫害防治、规格的统一方面等也都给予指导；在生产资料供给方面，向会员农家提供低于市场价格的生产资料，如化肥、农药等；在苹果销售方面，每年年初协会与会员农家签订订购合同，协定不管丰收、歉收都以高于市场的价格收购，从该协会成立以来，苹果的销量增长迅速（见表6－2）；在地区建设方面，积极致力于地区文化教育、娱乐建设，如设立夜校提高周边教育水平、成立剧院以丰富农民业余生活等。可见，东马屯苹果协会对会员农户生活及地区经济的发展起到了很大作用。

表6－2　东马屯协会苹果销量变化

单位：吨

年份	国内销售总量	海外销售总量	国内销售年增减量	海外销售年增减量
2003	3 200	0	-	-
2004	4 500	1 000	1 300	1 000
2005	6 000	7 000	1 500	6 000
2006	13 000	9 000	7 000	2 000

综上所述，在我国设立合作社要因地制宜，按需设立，将有一定农业产业的地区作为重点考虑的对象，在没有形成产业生产化的地方帮助农户实现生产的产业化后，再鼓励并扶持其设立合作经济组织，防止“跟风”和“过激”现象产生，既要避免出现日本农协刚设立时的“乱立”现象，同时又要避免中国解放初期的合作社运动。

第二，走专业合作组织到综合服务合作组织的循序渐进路线。

从日本农协的发展过程来看，日本“综合农协”的模式有稳固的组织基础，因而在政府主导下“农协设立”才能够迅速在全国各地开展开来。另外，从《农协法》的内容来看，农户加入农协的原则是“加入、退出自由”，也就是说农户加入农协并不是强制性的，可是农协的组织率却非常高，其所辖地区几乎100%的农户都加入了农协。之所以会出现这种状况，农业会的影响不可忽视，从第二章的论述中可知，农协的设立和农业会的解体是同时进行的，大多数基层综合农协都是在旧的市镇村农业会解散时，以其大部分成员作为新兴农协的组合员而成立起来。另外，政府对新生农协的宣传也起到了很大的作用。

可是，日本“综合农协”的模式目前在我国并不适合，其主要原因是农民思想意识薄弱或者说缺少对这种模式的信赖度。日本的综合农协存在的组织基础是农户，一旦失去了农户，农协也就不复存在。在我国设立这种组织，首先也要考虑农户是否加入，就目前情况来看，农民还没有这种思想意识。如前所述日本综合农协除了农业相关事业外，还经营信用、保险等业务，可以说在我国即使设立了“农协”，农民也不会把钱存入这样的组织。不过，现在不适合并不表示以后不适合。目前，自2006年《农民专业合作社法》颁布以来，在国家的宣传下农民专业合作社的设立可以说真正开展起来。随着合作社业务的开展，规模的扩大，专业合作社向综合模式的发展将会是一个趋势，如前所述的东马屯协会，除了经营苹果的销售、生产资料的购买外，也开始致力于地区建设，以丰富居民生活。

第三，加大宣传力度，使合作社的合作思想真正渗透人心。

2006年10月31日，《农民专业合作社法》经过第十届全国人大常委会第二十四次会议表决通过，自2007年7月1日起施行。所以自2006年11月起，农业部和各级农业行政主管部门认真学习宣传《农民专业合作社法》，农业部成立了宣传贯彻《农民专业合作社法》工作小组，专门研究部署、宣传、贯彻《农民专业合作社法》的有关工作，组织召开了全国学习宣传《农民专业合作社法》视频会议，要求各级农业行政主管部门准确把握法律精神。

虽然政府组织了宣传活动，但基层人员具体了解情况有所不同，据笔者2009年3月以陕西省白水县的13个村及山东省鄄城县25个村为对象进行的问卷调查结果表明（见表6-3）：陕西省白水县的13个村中有6个村设有合作社，占46.2%，会员人数在3~5人，而山东省鄄城县的25个村中只有1个村设有合作社，仅占4%，会员人数也只有5人。由此可以看出，陕西省白水县设立的合作社的数量多于山东省鄄城县，其中陕西省白水县合作社数量多的原因在于各村具有代表性农产品——苹果，因苹果的产销需要才在村里设立苹果协会，但是会员少、规模小是其一大问题所在。另外，在问卷调查中未设立专业合作社会协会的村中，针对专业合作社或专业合作社法的知否及知否程度的调查结果显示：陕西省白水县7个未设合作社或协会的村领导中，有7个都听说过农民专业合作社，但无一人听说过专业合作法；山东省鄄城县的24个未设合作社或协会的村领导中有9人听说过农民专业合作社，占37.5%，7人听说过《农民专业合作社法》，占29.2%。且大多是通过电视和报纸知道《农民专业合作社法》，至于了解程度仅限于名字或内容，对其目的都不了解。

表6-3 关于农民专业合作社及《农民专业合作社法》的问卷调查结果

项目		陕西省白水县各村	山东省鄄城县各村
调查对象数（个）		13	25
专业合作社数（个）		6	1
会员人数（人）		3-5	5
对专业合作社知否	知	7	9
	否	-	-
对专业合作社法知否	知	0	7
	否	-	-
对法律的了解途径		-	电视和报纸
对法律的了解程度	A. 知道目的	-	0
	B. 知道内容	-	3
	C. 仅知道名字	-	4

注：对法律的了解途径为：A. 参加乡镇组织的学习班；B. 从电视中；C. 从报纸杂志中；D. 其他。

另外，据宋晓凯2007年6月对山东6家，辽宁6家共计12家专业合作组织的领导者进行调查的结果表明：调查的专业合作组织中最早的设立于1999年，大部分都是2000年以后设立的。调查的专业合作组织的领导都知道合作社法，但理解得并不是很深刻，其中多数对合作法的内容多少有所了解，有两人仅限于听说过合作社法的名字，对于合作社法的目的也无一人了解。

由此可见，合作社及合作社法的宣传普及工作仍亟待进行。农民专业合作经济组织作为市场经济发展过程中出现的一种新生组织，对它的宣传及普及工作是一个长期过程。

宣传形式多种多样，但要以真正落实到农户为准。首先，各级政府农业主管部门特别是县级农业主管部门定期开展培训班，培训专业的技术人才。其次，利用电视等大众媒体宣传合作社及合作社法。最后，组织宣传队、宣传车到各乡镇的村庄进行宣传，免费向农户分发一些宣传册。经过宣传，使合作社的观念深入人心，使农户真正了解合作社。

总之，随着经济全球化的发展，“协作”已经是必然趋势，对零散的农户经营来说，为了适应瞬息万变的市场，联合起来走合作之路也是必然选择，政府在引导地方农户走合作经济之路的同时，既要做好宣传普及工作，又要因地制宜，鼓励按需设立，避免走“乱立”和“过激”路线。

第三节　对我国发展农业合作经济组织的建议

日本农协自建立起历时六十几个春秋，也经历了一番波折，但不管怎么说其对日本农村经济的现代化发展起到不可估量的作用。

吸取日本农协的经验，结合我国国情，在我国推行具有中国特色的农民专业合作社，建立新的农业互助协会组织，以促进各地区农村经济向产业化和规模化发展。具体做法及模式建议如下：

一、鼓励并推动农民专业合作经济组织发展

（1）农民专业合作社组成：在各级地方政府的引导下，依靠当地农产品的自身特点自发组成，该合作社的成立可以结合我国政府推行的“一村一品”策略来开展，行业协会成员可为农产品生产者或农产品经纪人。使单一的农产品生产者，通过自发组成，设立某行业协会。

我国农民专业合作社得到了一定的发展，促进了当地经济的发展，但是在农村还没有得到全面的普及和推广。国家也看到发展农民专业合作社的重要性，于是在2006年10月颁布了《农民专业合作社法》，并于2007年7月1日开始实施，确立了其合法性。为此，笔者认为，建立县级农业互助协会对农民专业合作社进行辅助，在有条件的情况下广泛的建立农民专业合作社，促进农业产业化经营，发展农产品精加工，提高农产品附加值。

（2）政府要加强行业组织宣传，鼓励合作社组织的成立。并将这项工作纳入政府的工作范围，这也是政府职能转化的一个方面。

（3）农村信用社派工作人员常驻县级农业互助协会，对有发展的农业产业化项目给予支持，以合作社为单位进行贷款，并实行多人担保制度，这样也会降低贷款风险。

二、以县为单位，建立农业互助协会

我国地域广阔，农业人口众多，农业的个体化经营模式，使农业产品规模经济没有得到充分发展。新农村建设，农产品规模化经济是提高农村农业发展的必由之路。中国目前行政管理是以市（县）为单位进行的，故笔者认为可以建立县级农业互助协会，对所辖区域农业化生产及农产品销售进行指导和帮助，有效促进当地经济发展，从而为政府职能的转变提供可借鉴的模式。

1. 成立农业互助协会的目的

在各级地方政府积极组织与领导下，将自发组织的农民专业合作社组织起来，为其指导，解其困难，避免农产品的无序生产及无序竞争，以减少农产品盲目生产，为当地经济的可持续发展提供有力保证。

2. 农业互助协会构架

农业互助协会由政府牵头，农民参与，形成有效的农业互帮互助服务机构，设立秘书长1名（由县级政府委派，对县级政府职能部门负责），秘书长助理1名（由县级政府委派），常务副秘书长1名（农村信用合作社委派），副秘书长多名（由各农民专业合作社按需推荐）。

秘书长的职能：协助各农民专业合作社的生产和销售工作，并对其进行指导；传达县级政府对当地农村经济发展的规划，以及开展区域间的经济交流。

秘书长助理的职能：协助秘书长工作，为农业互助协会服务，为农民专业合作社服务。

常务副秘书长的职能：参加农业互助协会的各项活动，并对地区农业专业化发展过程全面了解，为农村信用合作社放贷提供依据。

副秘书长的职能：积极参与农业互助协会活动，为当地政府在农村经济建设上提供建议和帮助。

三、县级农业互助协会与农民专业合作社之间的关系

县级农业互助协会是对各农民专业合作社进行指导和帮助，为农民专业合作社服务的组织；农民专业合作社是农业互助协会发展的基础，两者相互依存，共同发展。

随着我国改革开放的深入发展，农业化产业规模的发展已经到了刻不容缓的地步，这一点国家各级政府早已有了充分的认识，中国必须要在农村建立一套完善的农村经济体，以保证农产品在市场上的竞争力，这样农业互助协会的诞生也是必然的。

农业互助协会的成长和发展离不开国家政府各部门的支持，国家政府的倡导和支持已经到了实施阶段。但是，对于以个体为单位的农民来讲，成立这样的合作社和组织还很困难，所以说，以县为单位的政府必须要将这项工作作为一项主要事业进行推动。由国家政府派专人进行这项工作，农业互助协会才能迅速发展起来，由农业互助协会来推动农村农民专业合作社发展就会顺利得多。中国的农民普遍相信国家政府，由国家政府派专人进行这项工作，也会提高协会知名度，各县相互推进农业互助协会的建设，很快就能将各农业互助协会发展起来。

另外，各县级地方政府又能对农业互助协会进行指导，也便于县级地方政府对当地经济进行规划，同时随着农民专业合作社的壮大，又对县级地方政府的经济规划提供可靠依据。可以说这是一件一举多得的好事。

农村信用合作社作为国家对农村农业发展的支持，但其贷款往往出现坏账、死账，造成信用合作社不敢贷款、不贷款的局面。这样的局面长期发展下去不利于农村经济的发展，农村实体经济建设得不到支持，农业产业化经营也只是一句空话。有了农业互助协会，对农民专业合作社又非常了解，农民专业合作社又是农业互助协会的成员，可以在某种程度上为农村信用合作社放贷提供依据和保障，既支持农村农业产业化项目又可以降低农村信用合作社风险。为此，发展农民专业合作社，首先要建立县级的农业互助协会。

中国的农民专业合作社建设已经开始实施，笔者认为：一是要建立县级的农业互助协会，加快农民专业合作社发展；二是政府要积极参与并制订规划；三是农村信用合作社也要派工作人员参与农业互助协会事业的建设；四是要加大宣传，树立典型；五是完善立法。

我们有理由充分相信，随着国家的高度重视，随着立法的完善，中国的农民专业合作社必将迎来迅猛发展的时代，中国农村产业化建设也将迎来更为美好的春天。

余 论

本书从日本农协的历史渊源写起，在经历了江户时期萌芽状态的民间金融组织，到战前的产业组合，再到战时的农业会，最后到战后的1947年《农协法》的颁布才产生了现行的日本农协。现代日本农协从其自身的发展变化来看可以说经历了战后初期的成立及再建整顿期、经济高速发展期及经济稳步发展期的快速成长及完善期以及20世纪90年代后的改革期。

从整个历史发展过程来看，日本农协开始从事业综合性、行政依存性、全民加入及系统三阶段性等向事业综合性、组织自立性、全民加入及系统三阶段性转变。这种变化源于环境的变化，从战后初期开始到20世纪80年代中期，日本政府通过农协进行农业经济的恢复、增长及农业经济结构的调整，这些从旧《农业基本法》中就可以看出，农协协助了政府政策的实施执行。到20世纪90年代后，由于经济全球化、贸易的自由化，使日本政府不得不放宽政策，市场竞争加剧，加上农协会员结构的变化，迫使农协进行改革，开始寻求自立。一方面，原来的行政依存性特征不再显著，这点从新的农业基本法中就可以看出，同时也显示农协政治地位的下降。另一方面是农协的事业、系统三阶段性向事业、系统二阶段性改变。由于环境的变化，市场竞争加剧，农协经营出现恶化，经营赤字增多，为了改善经营状况，农协开始进行广域合并和纵向合并。

日本农协在历史发展变化过程中，经历了不少波折，但放眼世界，日本农协的存在仍然可谓是成功之例，其成功经验可以说有稳固的组织基础、完备的法律保障体系、政府的引导和支持、与时俱进不断变革等，同时引以为戒的地方有农协设立“过速”，以致出现“乱立”现象，从而导致成立之初的农协经营困难，不得不进行再建整顿。

目前我国正处于专业合作社发展的初级阶段，结合我国国情，笔者认为在我国设立专业合作社应注意三点：一是因地制宜，按需设立；二是走从专业合作组织向综合服务合作组织的循序渐进路线；三是加大宣传专业合作社及《农民专业合作社法》等相关知识的力度。并提出在现阶段建立县级农业互助合作协会的设想。这个协会可以说是政府与农民专业合作社的桥梁，通过它来衔接政府、农民专业合作社、市场及农村信用社等多方面的关系，促进农民专业合作社的发展，进而推动地区经济的产业化及规模化，实现地区经济的发展。

主要参考文献

国内文献：

［1］章政．现代日本农协［M］．北京：中国农业出版社，1998．

［2］赵建民，刘予苇．日本通史［M］．上海：复旦大学出版社，1989．

［3］陶岳嵩．日本“农协”的组织、事业及其在发展农村经济中的作用［J］．农业经济问题，1982（10）．

［4］严英龙，赵步生．日本的农协及其对我国农业产业化经营的启示［J］．世界政治与经济论坛，2000（3）．

［5］张秀娟，胡雪梅．日本农协的发展新趋势［J］．经济纵横，2002（1）．

［6］李显刚，石敏俊．日本农协的历史贡献、存在问题及发展趋势［J］．中国农村经济，2001（3）．

［7］徐翔临，刘卫国．日本农协对中国建立农业社会服务化体系的启示［J］．管理世界，1995（6）．

［8］刘建．日本农协发展对我国农村专业经济协会的启示［J］．农村经济，2005（7）．

［9］李中华．日本农协给我们的借鉴与启示［J］．农业经济，2003（6）．

［10］廖卫东，池泽新．发挥市场中介组织的作用——关于日本农协发挥中介组织的启示［J］．江西农业大学学报：社会科学版，2005（2）．

［11］杨承建．日本农协的运作模式及综合服务功能［J］．科技情报开发与经济，2007（22）．

［12］坂下明彦．日本农协的组织、机能及其运营［J］．农业经济

问题，2000（9）.

［13］穆月英，陈家骥．日本农协发展及农协事业的新动向［J］．经济问题，2005（1）.

［14］郭素贞．日本农协会的发展对建立我国农民合作经济组织的启示［J］．安徽农业科学，2007（14）.

［15］徐瑜青，张云静．日本农协及其对我国西部地区农村合作经济的启示［J］．农村经济，2004（4）.

［16］吴庄莹．日本农协及其对重构我国农村合作经济组织的启示［J］．台湾农业探索，2005（3）.

［17］阮蔚．日本农协面临的改革难题及对中国的启示［J］．农业经济导刊，2006（11）.

［18］乐波．日本农协与美国农业合作社之比较与启示［J］．孝感学院学报，2007（2）.

［19］衣保中，郑丽．日本农协在农业产业化中的作用［J］．现代日本经济，2006（4）.

［20］刘淑云．日本农协制度的经验与启示［J］．内蒙古民族大学学报：社会科学版，2005（2）.

［21］山田定市，李中华．日本农协的形成过程与主要特征［J］．农业经济，2004（6）.

［22］张蕾．日本农协及其对我国农民专业合作组织的启示［J］．安徽农学通报，2007（3）.

［23］曲国庆．日本农协与我国农村合作经济组织建设［J］．农业经济问题，1997（5）.

［24］方天垄，王慧．日本农协制度成功的民族性因素及启示［J］．农业经济问题，1998（7）.

［25］张应芝．日本农协信用和保险业综述［J］．农业经济，1994（3）.

［26］张素罗．日本农协的发展经验、改革趋势及其对我国农业经营组织化的启示［J］．农业经济，2002（4）.

［27］池明学．日本农协组织的作用及其对我们的启示［J］．延边大学学报：社会科学版，2003（1）.

［28］王占哲．日本农协事业及对农村发展的作用［J］．农业系统

科学与综合研究，1994（4）.

[29] 朱希刚，薛桂霞.21世纪初日本农协的发展动向[J]. 农业经济问题，2001（5）.

[30] 史超书. 借鉴日本农协经验构造现代合作社企业[J]. 山西财经学院学报，1995（1）.

[31] 梁晓明. 日本农协的经验研究及对我国农业产业化的启示[J]. 日本问题研究，2002（4）.

[32] 徐翔林，刘卫国. 日本农协对中国建立农业社会化服务体系的启示[J]. 管理世界，1995（6）.

[33] 徐钢军. 关于日本农协的考察与思考[J]. 商业经济与管理，2001（8）.

[34] 宋玉印，孙惠彦. 日本农业协同组合新探[J]. 世界经济，1984（9）.

[35] 彭幸国. 日本农业协同组合对发展我国农业的启示[J]. 洛阳师范学院学报，2001（5）.

[36] 胡伯龙. 日本的农业协同组合及其评价[J]. 吉林省经济管理干部学院学报，2001（3）.

[37] 项英辉，李荣彬. 日本农业协同组合的概况和启示[J]. 农业经济，1997（3）.

[38] 赵桂芳. 论日本农业协同组合的作用及其发展变化[J]. 日本研究，1990（4）.

[39] 黄瑾. 日本农协的作用、问题及借鉴[J]. 兰州学刊，2007（11）.

[40] 焦守田. 合并对策与日本农协的现状[J]. 世界农业，1993（8）.

[41] 刘多田. 日本农协的指导事业[J]. 合作经济与科技，2001（11）.

[42] 刘多田. 日本农协的事业[J]. 合作经济与科技，2001（12）.

[43] 刘多田. 日本农协概况[J]. 合作经济与科技，2001（8）.

[44] 刘多田. 日本农协的组织[J]. 合作经济与科技，2001（9）.

[45] 刘多田. 日本农协的管理[J]. 合作经济与科技，2001

(10).

[46] 艾云航. 日本农协的发展历程和运作方式 [J]. 世界农业, 2000 (10).

[47] 胡天民. 日本农协的新发展及其借鉴意义 [J]. 农业经济问题, 1990 (8).

[48] 周平. 日本农协基层组织的特点 [J]. 世界农业, 1982 (7).

[49] 刘跃魁, 吕孝侠, 白光洁, 等. 日本农协发展的要因与课题解析 [J]. 科技情报开发与经济, 2007 (16).

[50] 王博. 日本农协的研究与借鉴 [D]. 长春: 吉林大学, 2006.

[51] 鲁晓斌. 日本农业协同组合研究及其启示 [D]. 长春: 吉林大学, 2007.

[52] 辽宁省农经考察团. 对日本农协的考察报告 [J]. 农业经济, 2002 (10).

[53] 李咏涛, 李东明. 日本农协经验对中国农业的借鉴作用[J]. 理论界, 2004 (05).

[54] 欢佩君. 日本农协的组织及作用 [J]. 日本问题研究, 2001 (2).

[55] 赵桂芳. 日本的农协与环保型农业 [J]. 日本学论坛, 1999 (2).

[56] 胡天民. 日本农协的新发展及其借鉴意义 [J]. 农民经济问题, 1990 (8).

[57] 王慧. 日本农协制度成功的民族性因素及启示 [J]. 农民经济问题, 1998 (7).

[58] 杨欢进. 日本农协在国民经济中的作用 [J]. 河北经贸大学学报, 1997 (5).

[59] 顾德洪. 日本"农协"及其在农业发展中的作用 [J]. 现代日本经济, 1988 (4).

[60] 燕军. 日本农协在建立农业社会化服务体系中的作用 [J]. 现代日本经济, 1993 (4).

[61] 陶岳嵩. 日本"农协"及其在农业现代化中的作用 [J]. 农业现代化研究, 1982 (4).

［62］陈忠暖．高速经济增长时期日本政府的农业和农村对策［J］．世界地理研究，2000（2）．

［63］于秋芳，衣保中．战后日本农户结构的变化及其影响［J］．现代日本经济，2009（2）．

日本文献：

［1］東浦庄治．日本産業組合史［M］．東京：高阳书院，1935．

［2］佐伯尚美．日本農業金融史論［M］．東京：御茶の水書房，1982．

［3］井関孝雄．中小商工業、庶民金融論［M］．東京：改造社，1936．

［4］斎藤仁．今日に生かす協同思想［M］．東京：家の光協会，1984．

［5］小平権一．農業金融論［M］．東京：农文协，1981．

［6］神谷慶治．二宮とあすの農村［M］．東京：家の光協会，1966．

［7］篠浦光．農村協同組合の展開過程［M］．東京：亜紀書房，1972．

［8］奥谷松治．日本協同組合史［M］．東京：農業号協同組合研究会，1947．

［9］奥谷松治．協同組合論［M］．東京：農協協同組合研究会，1948．

［10］歴史学研究会，日本史研究会．講座日本史 7［M］．東京：東京大学出版会，1971．

［11］斎藤仁．日本資本主義の展開と産業組合［M］．東京：日本経済評論社，1979．

［12］隅谷三喜男．昭和恐慌［M］．東京：有斐閣，1974．

［13］暉峻衆三．日本農業史［M］．東京：有斐閣，1981．

［14］中村隆英．昭和史Ⅰ［M］．東京：東洋経済新報社，1993．

［15］森武麿．戦時日本農村社会の研究［M］．東京：東京大学出版会，1999．

［16］有沢広巳監修．昭和経済史［M］．東京：日本経済新聞社，

1980.

［17］磯辺俊彦，常盤政治，等．日本農業論［M］．東京：有斐閣，1993.

［18］東畑精一．日本農業の変革過程［M］．東京：岩波書店，1968.

［19］近藤康男．農基法十年［M］．東京：御茶の水書房，1971.

［20］川上正道，上原信博．農業政策論［M］．東京：有斐閣，1970.

［21］近藤康男．21 世紀日本農政の課題［M］．東京：農林統計協会，1998.

［22］清水浩．日本農業の独自性とは何か［M］．東京：日本経済評論社，1988.

［23］七戸長生．農業機械化の動態過程［M］．東京：農業総合研究所，1974.

［24］工藤昭彦．現代日本農業の根本問題［M］．東京：批评社，1993.

［25］增田佳昭．規制改革時代のJA 戦略［M］．東京：家の光協会，2006.

［26］永田恵十郎，今村奈良臣．明日の農協—理念と事業をつなぐもの［M］．東京：農山漁村文化協会，1986.

［27］斉藤仁．今日に生かす協同思想』［M］．東京：家の光協会，1984.

［28］滝川勉，斉藤仁．アジアの農業協同組合［M］．千葉：アジア経済研究所，1973.

［29］篠浦光．農村協同組合の展開過程［M］．東京：亜紀書房，1972.

［30］柳田国男．最新産業組合通釈［M］．東京：農文協，1980.

［31］佐藤寛次．産業組合講話［M］．東京：農文協，1976.

［32］藤谷築次，荏開津典生．現代の日本農業［M］．東京：家の光協会，1991.

［33］高橋五郎．生産農協への論理構造［M］．東京：日本経済経論社，1993.

［34］土門剛．農協が倒産する日［M］．東京：東洋経済新報社，1992.

［35］佐伯尚美．農協改革［M］．東京：家の光協会，1993.

［36］安達良生恒，梶浦吉督．農協大改革案［M］．東京：ダイヤモンド社，1991.

［37］太田原高昭．系統再編と農協改革［M］．東京：農文協，1992.

［38］荷見武敬．協同組合ノート［M］．東京：家の光協会，1992.

［39］佐藤幸夫．農協改革［M］．東京：日本経済評論社，1986.

［40］鈴木博．農協の準組合員問題［M］．東京：全国協同出版，1983.

［41］近藤康夫．協同組合原論［M］．東京：農協協同組合研究会，1948.

［42］矢幡治美．農協は地域で何ができるか［M］．東京：家の光協会，1986.

［43］小橋暢之．農業の合意形成と農協［M］．大阪：富民協会，1989.

［44］滝田隆夫．都市農業と農協［M］．東京：日本経済評論社，1979.

［45］岡部守．産直と農協［M］．東京：日本経済評論社，1978.

［46］矢崎俊治．営農集団と農協［M］．東京：拓殖大学研究所，1990.

［47］三浦賢治．総合農協の存立構造に関する研究［M］．東京：農協論研究会，1984.

［48］河野直践．協同組合の時代—近未来の選択—［M］．東京：日本経済評論社，1994.

［49］馬場敬之助．農業近代化への道—その現実と展望［M］．東京：東洋経済新報社，1970.

［50］太田原高昭．地域農業と農協［M］．東京：日本経済評論社，1982.

［51］三国英実．地域づくりと農協改革［M］．東京：農文協，

2000.

［52］内野勇二．日本農業と農協の共済事業［M］．東京：東京四季社，1956.

［53］美和昌男．現代の協同組合［M］．東京：全国協同出版，1986.

［54］宇野弘蔵，近藤康男．日本農業と農業協同組合［M］．東京：中央会論，1958.

［55］須田勇治．農協［M］．東京：教育社，1983.

［56］井上晴丸．日本産業組合論［M］．東京：農文協，1981.

［57］両角和夫．農協問題の経済分析——組織再編と地域対応を中心に—［M］．東京：農業総合研究所，1997.

附录：日本年号与公元纪年对照

明治元年　公元 1868 年
明治 2 年　公元 1869 年
明治 3 年　公元 1870 年
明治 4 年　公元 1871 年
明治 5 年　公元 1872 年
明治 6 年　公元 1873 年
明治 7 年　公元 1874 年
明治 8 年　公元 1875 年
明治 9 年　公元 1876 年
明治 10 年　公元 1877 年
明治 11 年　公元 1878 年
明治 12 年　公元 1879 年
明治 13 年　公元 1880 年
明治 14 年　公元 1881 年
明治 15 年　公元 1882 年
明治 16 年　公元 1883 年
明治 17 年　公元 1884 年
明治 18 年　公元 1885 年
明治 19 年　公元 1886 年
明治 20 年　公元 1887 年
明治 21 年　公元 1888 年
明治 22 年　公元 1889 年
明治 23 年　公元 1890 年
明治 24 年　公元 1891 年
明治 25 年　公元 1892 年
明治 26 年　公元 1893 年
明治 27 年　公元 1894 年
明治 28 年　公元 1895 年
明治 29 年　公元 1896 年
明治 30 年　公元 1897 年
明治 31 年　公元 1898 年
明治 32 年　公元 1899 年
明治 33 年　公元 1900 年
明治 34 年　公元 1901 年
明治 35 年　公元 1902 年
明治 36 年　公元 1903 年
明治 37 年　公元 1904 年
明治 38 年　公元 1905 年
明治 39 年　公元 1906 年
明治 40 年　公元 1907 年
明治 41 年　公元 1908 年
明治 42 年　公元 1909 年
明治 43 年　公元 1910 年
明治 44 年　公元 1911 年

大正元年　公元 1912 年
大正 2 年　公元 1913 年
大正 3 年　公元 1914 年
大正 4 年　公元 1915 年
大正 5 年　公元 1916 年

大正 6 年　公元 1917 年
大正 7 年　公元 1918 年
大正 8 年　公元 1919 年
大正 9 年　公元 1920 年
大正 10 年　公元 1921 年
大正 11 年　公元 1922 年
大正 12 年　公元 1923 年
大正 13 年　公元 1924 年
大正 14 年　公元 1925 年

昭和元年　公元 1926 年
昭和 2 年　公元 1927 年
昭和 3 年　公元 1928 年
昭和 4 年　公元 1929 年
昭和 5 年　公元 1930 年
昭和 6 年　公元 1931 年
昭和 7 年　公元 1932 年
昭和 8 年　公元 1933 年
昭和 9 年　公元 1934 年
昭和 10 年　公元 1935 年
昭和 11 年　公元 1936 年
昭和 12 年　公元 1937 年
昭和 13 年　公元 1938 年
昭和 14 年　公元 1939 年
昭和 15 年　公元 1940 年
昭和 16 年　公元 1941 年
昭和 17 年　公元 1942 年
昭和 18 年　公元 1943 年
昭和 19 年　公元 1944 年
昭和 20 年　公元 1945 年
昭和 21 年　公元 1946 年
昭和 22 年　公元 1947 年
昭和 23 年　公元 1948 年
昭和 24 年　公元 1949 年
昭和 25 年　公元 1950 年
昭和 26 年　公元 1951 年
昭和 27 年　公元 1952 年
昭和 28 年　公元 1953 年
昭和 29 年　公元 1954 年
昭和 30 年　公元 1955 年
昭和 31 年　公元 1956 年
昭和 32 年　公元 1957 年
昭和 33 年　公元 1958 年
昭和 34 年　公元 1959 年
昭和 35 年　公元 1960 年
昭和 36 年　公元 1961 年
昭和 37 年　公元 1962 年
昭和 38 年　公元 1963 年
昭和 39 年　公元 1964 年
昭和 40 年　公元 1965 年
昭和 41 年　公元 1966 年
昭和 42 年　公元 1967 年
昭和 43 年　公元 1968 年
昭和 44 年　公元 1969 年
昭和 45 年　公元 1970 年
昭和 46 年　公元 1971 年
昭和 47 年　公元 1972 年
昭和 48 年　公元 1973 年
昭和 49 年　公元 1974 年
昭和 50 年　公元 1975 年
昭和 51 年　公元 1976 年
昭和 52 年　公元 1977 年
昭和 53 年　公元 1978 年
昭和 54 年　公元 1979 年

昭和 55 年　公元 1980 年
昭和 56 年　公元 1981 年
昭和 57 年　公元 1982 年
昭和 58 年　公元 1983 年
昭和 59 年　公元 1984 年
昭和 60 年　公元 1985 年
昭和 61 年　公元 1986 年
昭和 62 年　公元 1987 年
昭和 63 年　公元 1988 年

平成元年　公元 1989 年
平成 2 年　公元 1990 年
平成 3 年　公元 1991 年
平成 4 年　公元 1992 年
平成 5 年　公元 1993 年
平成 6 年　公元 1994 年
平成 7 年　公元 1995 年
平成 8 年　公元 1996 年
平成 9 年　公元 1997 年
平成 10 年　公元 1998 年
平成 11 年　公元 1999 年
平成 12 年　公元 2000 年
平成 13 年　公元 2001 年
平成 14 年　公元 2002 年
平成 15 年　公元 2003 年
平成 16 年　公元 2004 年
平成 17 年　公元 2005 年
平成 18 年　公元 2006 年
平成 19 年　公元 2007 年
平成 20 年　公元 2008 年